Curso rápido
para desarrollar
la memoria

Roberto Tresoldi

CURSO RÁPIDO PARA DESARROLLAR LA MEMORIA

dve
PUBLISHING

En primer lugar, deseo mostrar mi agradecimiento a aquellos que han participado en mis cursos y conferencias: he recibido mucho más de lo que he dado.
Un agradecimiento particular a Christian Baldari, que sigue mi trabajo de divulgación, por haber releído con atención el texto y hacerme valiosas sugerencias. Por último, quiero expresar mi gratitud a mi familia, que ha estado siempre cerca en las vicisitudes de la vida.

En los ejercicios se hace referencia a numerosos personajes: todos son ficticios y cualquier coincidencia con persona o cosa es del todo casual.

Traducción de Nieves Nueno.
Diseño gráfico de la cubierta: © YES.
Fotografías de la cubierta: © Adri Berger/Getty Images.

© Editorial De Vecchi, S. A. 2018
© [2018] Confidential Concepts International Ltd., Ireland
Subsidiary company of Confidential Concepts Inc, USA
ISBN: 978-1-64461-156-2

Impreso bajo demanda gestionado por Bibliomanager

ÍNDICE

INTRODUCCIÓN

Hoy en día se produce de forma continua una paradoja en la transmisión de la información en las empresas que puede crear problemas importantes. A diferencia de lo que ocurría antiguamente, cuando todo debía transmitirse de memoria o, en los casos afortunados en que las personas sabían leer y escribir, ponerse por escrito, hoy se asiste a una doble tendencia, creada y favorecida por la tecnología moderna. Por un lado, instrumentos cada vez más sofisticados permiten memorizar las cantidades ingentes de datos generadas por el desarrollo sin precedentes de la sociedad moderna; por otro, precisamente a consecuencia de esa tendencia, son cada vez menos las personas capaces de recordar esta masa enorme de información. La mayoría de la gente recurre a los soportes magnéticos, a las grabaciones de audio o vídeo, a los apuntes electrónicos escritos en PDA o dictados a la memoria de los teléfonos móviles más vanguardistas.

Por este motivo, hoy, a causa del enorme bombardeo mediático e informativo al que estamos sometidos y a la complejidad de la información disponible, puede resultar útil aprender de nuevo las reglas mnemotécnicas que durante milenios han utilizado todos aquellos que debían actuar en contacto con los demás, comprendiéndoles y convenciéndoles con sus cualidades de memoria.

A la objeción de algunos que afirman que bastaría con saber localizar la información correcta, responderé preguntando de qué forma es posible, durante una reunión o un *brainstorming*, recuperar en un plazo muy corto la información fundamental que necesitamos, recordar los nombres de los participantes en la reunión, catalogar los comportamientos no verbales de los presentes, registrar lo que se dice, tomar nota de las propias preguntas y defender con éxito una causa sin haber desarrollado unas estrategias mnemotécnicas adecuadas.

No se tiene tiempo material para localizar en otra parte la información, ni siquiera si se utiliza la PDA conectada sin cables con el banco de datos empresariales o con internet: la búsqueda conlleva cierto esfuerzo y, en cualquier caso, causa distracción, con la consiguiente pérdida de información valiosa.

En los últimos años se han multiplicado también las ocasiones de encuentro y discusión, por ejemplo las reuniones y congresos, que constituyen una oportunidad única para interactuar con los demás, intercambiar información, participar en debates y recabar datos útiles que aún no están presentes en internet ni en la bibliografía especializada. Un orador preparado, con excelentes cualidades mnemotécnicas, será capaz de obtener el efecto de comunicación o de convicción deseado, mientras que un ponente con poca memoria tendrá dificultades, tanto en la fase de exposición como en la de debate: todos conocemos a ponentes que, ante una pregunta específica, se pierden en el intento de encontrar la información que desean comunicar en el texto de su propia presentación o en las diapositivas, por no hablar de la posibilidad (mucho más habitual de lo que se imagina) del fallo completo de los equipos técnicos más sofisticados, ¡que obliga al ponente a prescindir de todos los soportes tecnológicos y enfrentarse al público sólo con su memoria y su oratoria!

Aunque unos están más dotados que otros y muestran prodigiosas cualidades de memoria, la mayoría de quienes deben memorizar algo tienen capacidades normales. En efecto, son empleados, directivos, profesionales, estudiantes, investigadores, vendedores, jubilados... que poseen una memoria normal, mediocre o incluso muy reducida.

Este libro se ha escrito para ellos, con el objetivo de explicar cómo funciona la memoria y sobre todo de ayudar a quien lo desee a mejorar su capacidad de memorización. Cualquiera puede realizar la labor que proponemos, pero deseamos subrayar un aspecto esencial: aunque puede contribuirse a mejorar las técnicas de memorización, nada puede hacerse sin la participación activa de quien desea aprender. Se dice que buscar un nuevo trabajo es, en sí, un auténtico trabajo. Del mismo modo, aprender a recordar requiere un esfuerzo considerable de la mente, que deberá estimularse de forma adecuada y continuada.

UN ENFOQUE DISTINTO

El enfoque de este libro no es el de la práctica constante basada en la repetición de textos, números, etc. El material presentado pretende ayudar al lector a expandir su capacidad con ejercicios para mejorar la atención, la percepción y la solución de problemas, así como ofrecer útiles estrategias mnemotécnicas para ordenar la nueva información y recuperarla cuando sea necesario. Como dice uno de los principales expertos en la materia, Alan Baddeley:

> *no podemos modificar nuestra memoria [...] y no conozco ninguna forma en que se puedan mejorar sistemáticamente los sistemas neuronales que constituyen la base de la memoria. Cuando envejecemos, nuestro cerebro inevitablemente se hace un poco más pequeño y nuestras células cerebrales, al parecer, menos eficientes [...]. Todo lo que podemos hacer es utilizar con mayor eficacia el sistema del que disponemos.[1]*

Por este motivo nuestro manual hace muchas referencias a la ciencia, al comportamiento animal, a la literatura, a la psicología y a la historia, y le pide al lector que trabaje con figuras ilustradas, que dibuje de forma alternativa (aunque no sepa dibujar), que escuche grabaciones o que ejerza el sentido del olfato.

Los textos que se presentan no son improvisados, sino que se han estudiado precisamente para permitir la adquisición de la práctica necesaria, no sólo en uno o dos sectores, sino en ámbitos diversos, ya que estamos llamados a hacer uso de la memoria a lo largo de toda nuestra jornada, en las situaciones más diversas e imprevisibles. En la línea de lo que sostiene Baddeley, creemos que el simple ejercicio repetitivo típico del método tradicional, aunque sea habitual, no produce una mejora significativa de la capacidad mental. Estamos convencidos de que la única forma de aumentar la memoria es ejercitando todas las capacidades sensoriales, en particular mejorando la percepción, y aprendiendo nuevas (o antiguas) estrategias de memorización.

El libro está dividido en lecciones que abordan diversos aspectos de la memoria, la percepción y la memorización. Cada lección introduce la teoría en la que se basan las técnicas de memorización y, a continuación, presenta algunos ejemplos, a menudo procedentes de estudios clásicos o recientes sobre la mente y la memoria, y ejercicios prácticos para mejorar la memorización. Algunos pasajes significativos del texto, como conversaciones, ejercicios de repetición y conferencias, aparecen en el CD adjunto y tienen el objetivo de ayudar a quienes siguen este curso a utilizar de forma activa las técnicas aprendidas para recordar

---

1. A. Baddeley, *Su memoria: cómo conocerla y cómo dominarla*, Debate, Barcelona, 1990.

con mayor facilidad un texto. Dichos pasajes se reproducen también en el apéndice, junto con dos textos literarios, con el fin de que quienes no dispongan de lector de CD puedan también realizar los ejercicios. Resulta oportuno dedicar a la práctica un poco de tiempo cada día, según las necesidades y preferencias personales. Recordemos que se obtienen mejores resultados con un trabajo asiduo y constante que con un único esfuerzo, por grande que sea. El curso ha sido diseñado para permitir al lector mejorar la capacidad de memorización en un periodo aproximado de tres meses, según sus características y su esfuerzo personal. En cualquier caso, resulta oportuno asimilar los diversos métodos antes de proseguir con las lecciones siguientes.

Tienen especial importancia los ejercicios destinados a mejorar la memorización visual (que deberán prolongarse mucho, por lo menos hasta el término del curso), los ejercicios para la memorización de los números y los de inclusión de los datos en las construcciones arquitectónicas ideadas por el lector.

QUÉ ES Y CÓMO FUNCIONA LA MEMORIA

DEFINICIÓN DE MEMORIA

El concepto de memoria es uno de los más simples y al tiempo complicados de definir. En efecto, todos sabemos de forma intuitiva qué es la memoria, pero si tratamos de dar una definición de la misma, nos encontramos con dificultades. Ello tal vez se deba a que no es posible hablar de la memoria como de algo único: existen diversas funciones que contribuyen a la formación de lo que denominamos *memoria* y cabe preguntarse si, a fin de cuentas, no existen varias memorias. Así es, como veremos. Si analizamos a fondo la memoria y su funcionamiento, pasamos de una aparente sencillez a una increíble complejidad.

Por ejemplo, ¿por qué los recuerdos de cuando éramos niños permanecen impresos de forma indeleble, mientras que no recordamos lo que cenamos anoche? ¿Por qué nos acordamos perfectamente del número de teléfono que acabamos de oír, mientras que al cabo de varios minutos recordamos sólo una o dos cifras? ¿Por qué no logramos nunca recordar los chistes que nos cuentan, aunque tratemos de obligarnos a hacerlo? O ¿por qué recordamos el inicio o el final de un breve discurso, un título o una descripción, mientras que nos cuesta recordar la parte del medio?

Podríamos dar muchos ejemplos más de diversos tipos. Por ejemplo, ¿cómo es posible que, pese a haber olvidado cómo se lee la música, los dedos recorran las teclas de una flauta travesera con seguridad, interpretando con precisión esos pequeños signos extraños en el pentagrama? Parece como si las manos tuviesen una memoria propia, que utiliza los ojos sin pasar por el reconocimiento consciente del cerebro.

Del mismo modo, podemos haber olvidado los conceptos en que se basa la conducción de un vehículo, pero, después de unos momentos de turbación inicial, manos y pies vuelven a realizar los automatismos que nos permiten conducir incluso después de un largo periodo sin hacerlo.

El interés por entender qué es la memoria y cómo funciona es muy antiguo (se remonta al mundo clásico grecorromano), y siempre se ha asociado con el de entender qué es y cómo funciona la comprensión.

Los primeros estudios serios se remontan a la segunda mitad del siglo XVIII, pero sólo a finales del XIX y durante las primeras décadas del XX se realizó un estudio científico preciso de la memoria y sus características.

MEMORIA Y COMPRENSIÓN

Memoria y comprensión están estrechamente relacionadas, y la segunda es considerada a menudo el resultado de las siguientes dos operaciones: búsqueda y selección de elementos memorizados, por un lado, y organización sucesiva de los mismos en una estructura coherente, por otro.

Es interesante observar que en las afasias (incapacidad de hablar) producidas como consecuencia de un accidente cerebral pueden aparecer dos problemas: incapacidad de elegir el término exacto o de ponerlo en relación con los demás elementos de la frase.

En la práctica, en la frase «He visto al gato de los vecinos que bebía leche» es posible que la persona que sufre afasia no sea capaz de recordar (es decir, seleccionar) la palabra correcta de acuerdo con el siguiente esquema:

He visto al [X] de los vecinos que bebía leche,

y deba escoger, en lugar de [X], una serie de posibilidades (perro, gato, hámster, etc.).

Se trataría en este caso de un problema radicado en lo que en lingüística se denomina *eje paradigmático*.

La segunda forma de afasia consiste en hallar la palabra adecuada aunque sin lograr ponerla en la debida relación (por ejemplo, gramatical o sintáctica) con los demás elementos de la frase:

He visto al gato de los vecinos que beb[X] leche.

En este segundo caso, las soluciones posibles son diversas, pero la persona afásica podría seleccionar erróneamente, en lugar de [X], la desinencia *-ían* (*bebían*, un plural en lugar de un singular). El trastorno ahora se produce en lo que en lingüística se denomina *eje sintagmático*.

El danés Hjelmslev, fundador de la escuela lingüística de la glosemática,[2] llevó a cabo amplios estudios sobre este tema.

En fechas recientes expertos italianos han desarrollado conceptos similares subrayando que:

La comprensión consiste precisamente en esto: en primer lugar, se vale de percepciones a través de las cuales son comparadas nuestras experiencias —un texto, un acontecimiento, una escena— en el intento de establecer cuánto se parecen a experiencias ya conocidas.

En segundo lugar, la comprensión consiste en un esfuerzo de organización que sea capaz de localizar en nuestra memoria estas experiencias.[3]

Entre los primeros estudiosos de la memoria es importante recordar a Hermann Ebbinghaus, quien, a partir de 1870, llevó a cabo una importante serie de experimentos sobre la capacidad de recordar (y de olvidar). A lo largo de la historia de la psicología, numerosas escuelas han tratado de explicar el funcionamiento de la memoria, bien basándose en los estudios de Ebbinghaus, bien diseñando otros nuevos. Una de las primeras y más interesantes fue la escuela de psicología asociacionista, que consideró la asociación como el punto clave sobre el que era necesario indagar: entendiendo cómo formamos las asociaciones, deberíamos ser capaces de explicar de qué manera funciona la memoria y de formular estrategias de memorización mejores y más eficaces. Subrayaremos que muchos tópicos sobre la memoria proceden de algunas hipótesis de trabajo de esta escuela, que, como veremos en breve, tuvo numerosos méritos.

MEMORIA Y PSICOLOGÍA ASOCIACIONISTA

Los asociacionistas llegaron a la conclusión de que las asociaciones funcionan a base de práctica: cuanto mayor es esta práctica, más marcados son los vínculos asociativos. Así, si se asocia continuamente al señor Smith con la empresa Flaviani, llegará un momento en que de forma automática asociaremos al señor Smith con la empresa Flaviani, in-

---

2. Uno de los principales teóricos de la lingüística estructural, Louis Hjelmslev (1899-1965), fundó a principios de los años treinta el Círculo de Copenhague. Su teoría lingüística, la glosemática, se expuso en el libro *Prolegómenos a una teoría del lenguaje*.
3. S. Roncato y G. Zucco, *I labirinti della memoria*, Il Mulino, Bolonia, 1993.

cluso sin necesidad de otros estímulos externos (la delegación de la empresa, el uniforme de los empleados, la etiqueta con el nombre y la marca de la empresa, etc.). La segunda regla básica del funcionamiento de la asociación es el tiempo: cuanto mayor sea la simultaneidad de los dos aspectos, más marcada será la asociación. Por consiguiente, la base de la teoría de la memoria de esta escuela es la *asociación*, que actúa en función de la práctica y la proximidad temporal de lo que es asociado.

El gran mérito de esta escuela consiste en haber realizado durante muchos años una serie de experimentos siguiendo una metodología científica, experimentos que produjeron resultados interesantes, aunque difíciles de explicar a la luz de las teorías de la propia escuela.

Los métodos utilizados fueron los del aprendizaje serial y por pares asociados. El material a recordar, para evitar posibles asociaciones con cosas conocidas (conceptos o estructuras gramaticales), consistía en sílabas sin sentido. En la serie de experimentos basados en el aprendizaje serial, se presentaba una lista de sílabas que la persona sometida al experimento debía recordar según dos modalidades distintas: mediante el método de la anticipación (dado el primer término, debía recordar el que lo seguía) o mediante el método del recuerdo (después de escuchar la lista de todos los pares, debía escribirla en dos minutos). Durante el aprendizaje por pares asociados, el experimentador debía leer una serie de pares; a continuación, el primer elemento del par era presentado a la persona sometida a experimento, y esta debía recordar el segundo.

LOS RESULTADOS DE LOS EXPERIMENTOS

De máximo interés para el estudio científico de la memoria (y de máxima utilidad para elaborar estrategias de memorización) son los resultados de estos experimentos. A menudo se afirma que la mejor forma de conocer es partir precisamente de los errores cometidos. Ello resulta especialmente válido para los estudios que se llevan a cabo en el ámbito psicológico.

Los llamados *fenómenos intraseriales*, que se producen dentro de la misma serie de elementos que deberían recordarse, son muy interesantes y de diverso tipo. Quizás entre los más asombrosos se hallan las denominadas *asociaciones remotas*: ¿cómo es posible que, en lugar de recordar en sucesión las sílabas correctas, se recuerden otras sílabas en posiciones sucesivas? El fenómeno no resultaría explicable si la regla se basara de verdad en que se recuerda una cosa porque está cerca de otra: deberíamos recordar sílabas próximas a las que acabamos de recordar, no sílabas lejanas. Una explicación provendría de la teoría de la asociación mediada, elaborada por Guthrie en 1935: dos elementos se recordarán juntos, aunque estén situados a distancia uno de otro, si existe un tercer término capaz de conectarlos. Así, si en una secuencia de palabras que recordar encuentro *cuadro* y *tela*, y más adelante *marco*, es posible que el par recordado sea *cuadro* y *marco*, en lugar de *cuadro* y *tela*.

Otros fenómenos interesantes son los llamados en inglés *primacy* y *recency*: indican que se recuerdan con mayor facilidad los elementos que ocupan los primeros y los últimos puestos en la lista, mientras que se recuerdan peor los que se hallan en una posición central. Una posible explicación es que los elementos del centro de la lista de sílabas o vocablos, al tener muchos otros elementos antes y después, evocan con mayor facilidad asociaciones con estos elementos; en cambio, los elementos situados al principio y al final de la lista están sujetos a menos interferencias y, por lo tanto, son más fáciles de asimilar.

Un aspecto importante de estos estudios es la constatación de que cuando olvidamos no desaparecen las huellas que fueron dejadas por nuestros recuerdos: en la práctica, estas huellas no se deterioran. De algún modo fracasa la operación de búsqueda en memoria, «aunque ello haría referencia a algo cuya existencia, según los cánones asociacionistas, no era documentable».[4]

El motivo por el que olvidamos debería buscarse en el fenómeno de la interferencia: la información adicional, memorizada después de aprender la lista de vocablos, interferiría con esta y dificultaría el acto de recordar.

Otras escuelas han llegado a la conclusión de que en realidad recordamos en función de motivos distintos de las simples asociaciones, es decir, que se produce algo en una fase sucesiva a la de la aparición de las asociaciones. Teniendo que recordar listas de nombres de diverso tipo (de animales, propios de persona, de árboles, etc.), las personas sometidas al experimento recordaban estos nombres dividiéndolos en las categorías de pertenencia, o sea, animales con animales, personas con personas, árboles con árboles... Algo llevaba a descomponer la información recibida y reestructurarla en un nuevo orden.

En particular, recordamos con facilidad si hallamos en un grupo de datos características estructurales o de conjunto que nos permitan entender cómo funciona. Un ejemplo: en el caso de que descubramos que

4. S. Roncato y G. Zucco, *op. cit.*

en una lista de adjetivos el segundo es el opuesto del primero, obtenemos un esquema operativo que nos permite recordar la lista con mucha mayor facilidad:

bonito/feo   *grande/pequeño*
alto/bajo   *gordo/delgado*

De este modo será suficiente con recordar un elemento del par para obtener enseguida el otro.

LA PSICOLOGÍA DE LA FORMA

Entre las teorías psicológicas más interesantes y productivas para la comprensión de cómo funciona la mente humana, capaz de elaborar interesantes técnicas de memorización, se incluye la psicología de la forma (en alemán, *Gestaltpsychologie*). Esta teoría debe sus orígenes a diversos autores, entre ellos el científico alemán Wolfgang Köhler, pionero del estudio de la inteligencia de los animales. El siguiente apartado nos permitirá no sólo seguir el fascinante trabajo de Köhler en la isla de Tenerife, sino también aprender algunos secretos del funcionamiento de la mente de los primates que nos serán útiles en el estudio de nuevas técnicas de memorización. Según avancemos en la presentación del trabajo de Köhler y de la investigadora Jane Goodall, subrayaremos algunos pasos que el lector deberá tratar de recordar y que retomaremos al explicar cómo funcionan la mente y la memoria según la psicología de la Gestalt.

ALGUNOS ESTUDIOSOS DE LA PSICOLOGÍA DE LA FORMA

La escuela de la psicología de la forma se basa, además de en el trabajo de Wolfgang Köhler, en el de otros investigadores, entre ellos dos importantes estudiosos de psicología, Max Wertheimer y Kurt Koffka.

Wertheimer, que se ocupa en particular de la resolución de problemas, subraya que estos no deben afrontarse analizando cada uno de sus componentes en sí, sino, al contrario, observándolos como un todo unitario. Se adopta así un punto de vista distinto desde el cual es posible alcanzar soluciones antes no identificadas. El motivo de esta forma de proceder de la mente reside en el concepto del «mínimo esfuerzo»: cuando se observa el problema en su globalidad, se utiliza una menor cantidad de energía para pensar.

Koffka se dedica al estudio de la psicología infantil y llega a la conclusión de que los niños «experimentan inicialmente conjuntos organizados en contraposición a elementos discretos».

LOS ESTUDIOS DE WOLFGANG KÖHLER Y JANE GOODALL
SOBRE EL MUNDO ANIMAL

A principios del siglo XX Köhler llevó a cabo estudios sobre la inteligencia de los monos. Los resultados de sus observaciones, realizadas en un centro de estudio de primates en la isla de Tenerife entre 1912 y 1916, se publicaron en una obra fundamental para la comprensión del comportamiento animal, que marcó también el nacimiento de la escuela de la psicología de la forma: *La inteligencia de los chimpancés*.

En la obra el autor afronta el problema de la inteligencia: ¿es posible afirmar que los chimpancés están dotados de un comportamiento inteligente? La pregunta surge de forma espontánea al observar a estos animales en su vida cotidiana, donde abundan comportamientos similares a los humanos que podrían calificarse como inteligentes.

Para poder responder la pregunta, es necesario definir antes qué es un comportamiento inteligente, ya que no todos los comportamientos en apariencia inteligentes lo son de verdad. *Köhler sostiene que, para poder ser calificado como tal, un comportamiento no ha de ser inmediato e instintivo, sino que requiere por parte del animal una respuesta nueva y creativa a una situación no experimentada previamente.* Los experimentos realizados se plantean de forma que

> la vía directa hacia el objetivo no es practicable; sin embargo, se deja abierta una vía indirecta. El animal es puesto en una situación de este tipo, de la que debe tener, en lo posible, una percepción de conjunto; puede entonces mostrar qué formas de comportamiento es capaz de mantener, y, en particular, si está en condiciones de resolver el problema a través de la vía indirecta que se le ofrece.[5]

Los numerosos experimentos efectuados por Köhler, basados en este sistema llamado *de rodeo*, le llevaron a concluir que los chimpancés están efectivamente dotados de comportamiento inteligente, aunque las acciones realizadas no sean siempre idénticas a las que realizaría el ser humano. *Uno de los motivos de las diferencias entre mono y ser humano debe buscarse en la forma distinta en que las dos especies reaccionan a la hora de reorganizar las percepciones visuales: lo que a un ser humano puede parecerle evidente e inmediato puede no serlo para el mo-*

---

5. W. Köhler, *Experimentos sobre la inteligencia de los chimpancés*, Debate, Barcelona, 1989.

no, que distingue algunos detalles como independientes mientras que otros, que continúan siéndolo para el ser humano, los interpreta como parte de un conjunto único y compacto.

No debe olvidarse que Köhler ve en la organización perceptiva uno de los puntos fundamentales del proceso psicológico: la intuición, por ejemplo, surge cuando las percepciones visuales reciben una nueva reorganización determinada por el efecto del todo sobre cada una de las partes (el llamado *fenómeno de cierre*, por el que ya no vemos sólo puntos aislados dispuestos de forma circular, sino una figura circular formada por su conexión).

Como subraya Guido Petter en la introducción a la edición italiana de la obra de Köhler, el eje central de la psicología de la forma es la convicción de que «las propiedades funcionales de los elementos que componen un conjunto están subordinadas a las características de la estructura global de la que forman parte».[6]

Una de las preguntas que podríamos formular es la siguiente: ¿qué es lo que nos permite extender estas observaciones al comportamiento humano?

Lo cierto es que los chimpancés no son seres humanos, y lo que resulta válido para ellos no tiene por qué serlo para nosotros. Acude en nuestra ayuda un texto de Köhler, el artículo «Notas sobre la psicología de los chimpancés», publicado en 1922 en la revista *Psychologische Forschung I. Köhler presenta un comportamiento de los chimpancés muy ritualizado, que confirma la existencia de grandes afinidades entre el ser humano y este animal.* Veamos cómo describe el autor unos movimientos de danza estilizada:

Todo el grupo de chimpancés realiza formas superiores de movimiento estilizado. Dos animales se arrastran aquí y allá sobre el terreno en un juego de lucha, y llegan a las proximidades de un palo; se ve entonces que su furia se calma un poco y se transforma en un movimiento circular que tiene como centro el palo. Uno tras otro llegan los animales, que se unen a los primeros, y al final toda la compañía marcha en fila india y de forma muy ordenada en torno al centro. Pero su movimiento cambia pronto; ya no marchan, sino que trotan, golpeando el suelo con uno de los pies y apoyando sólo ligeramente el otro; se genera un ritmo casi riguroso, y la evolución de cada animal

6. W. Köhler, *L'intelligenza nelle scimmie antropoidi*, Giunti, Florencia, 1961.

tiende a adaptarse a un mismo compás. También las cabezas adoptan
en ocasiones el ritmo de los pies, hasta el punto de que el maxilar
colgante sube y baja al ritmo de los pies; todos los animales presentan
un aspecto vivaz y divertido en este primitivo corro [...].

Para completar la información de Köhler, recordaremos la obra de
una de las investigadoras que más ha contribuido a revolucionar el conocimiento de los monos antropomorfos: Jane Goodall. Nacida en 1934
en Londres, ha estudiado el comportamiento de los chimpancés en el
parque nacional de Gombe, en Tanzania. Anteriormente a la experiencia de Goodall (y pese al trabajo de Köhler), la ciencia académica se
planteaba exactamente la misma pregunta que nos hemos hecho antes:
los monos antropomorfos, según los científicos de la época, habrían sido incapaces de usar instrumentos, sin lenguaje, sin comportamientos
determinados culturalmente. En la práctica, no tenían mucho en común
con el ser humano, salvo una semejanza superficial.

Hoy en día sabemos que los chimpancés, además de compartir el
98% de su material genético con el ser humano (un chimpancé está ge-
néticamente más próximo a un ser humano que a un gorila), utilizan
instrumentos (al menos nueve tipos distintos cuando viven en libertad),
se comunican con diversas señales, con signos y con lenguaje no verbal,
tienen comportamientos muy ritualizados y quizá son capaces de expe-
rimentar sentimientos muy próximos al religioso.

¿Cuáles son las semejanzas entre el comportamiento de los chimpancés y el del ser humano? Veamos cómo las resume la página web del
Instituto Jane Goodall italiano:

Muchos aspectos del comportamiento de los chimpancés, de
las relaciones sociales, de las manifestaciones emotivas, de las
necesidades y de las habilidades intelectuales son similares a los
humanos. En particular, hay grandes paralelismos entre las crías de
chimpancé y los niños. Ambos tienen una propensión natural a armar
jaleo y jugar, son muy curiosos, aprenden mirando e imitando, pero
sobre todo necesitan continuas atenciones y seguridad. Para ambos
el contacto físico afectuoso es determinante para un desarrollo sano.
Diversos rasgos mentales, antes considerados únicos para los seres
humanos, se han demostrado también en los chimpancés: pensamiento
razonado, abstracción, generalización, representación simbólica

y autoconciencia. La comunicación no verbal incluye el beso, el abrazo, las cosquillas, darse una palmada en la espalda, etc. Muchas de sus emociones, como la alegría o el dolor, el miedo o la desesperación, son similares a las nuestras.[7]

El comportamiento de los chimpancés muestra capacidades creativas y de abstracción particulares, similares a las del ser humano. Algunos ejemplos característicos aparecen en un vídeo sobre los chimpancés producido por National Geographic. Se asiste, por ejemplo, a un enfrentamiento entre algunos macacos, particularmente agresivos, y una cría de chimpancé. Esta última, nada atemorizada por los otros animales, idea una forma de ahuyentarlos: después de coger una rama del suelo, se lanza contra los macacos agitándola a derecha e izquierda, hinchándose mucho y mostrándose ante los otros animales como una criatura muy peligrosa con la que no conviene enfrentarse. En otra secuencia se asiste a la meditación de un viejo chimpancé ante una rata muerta: el estudio que el animal hace de la criatura sin vida es impresionante, y momentos de experimentación (levantar la rata, intentar que se mueva) se alternan con otros en que el chimpancé parece razonar y hacerse preguntas sobre lo que ve.[8]

Antes de proseguir con la lectura del texto, realice el siguiente ejercicio.

EJERCICIO N.° 1. CUESTIONARIO

Como hemos escrito en la introducción, nada es fruto del azar. Quizá se haya preguntado cómo es que hemos introducido en esta lección las vicisitudes de las investigaciones de Köhler y Goodall, interesantes, sí, pero tal vez un poco especializadas. Nuestro objetivo no es darle algunas nociones adicionales sobre la psicología de los animales; el texto sirve de base para un primer ejercicio de comprobación de la capacidad de su memoria. Sin releer el texto que acaba de leer, responda a las siguientes preguntas (hallará las soluciones al final del capítulo):

1. ¿De qué nacionalidad era W. Köhler?

....

7. www.janegoodall-italia.org.
8. Este texto se reproduce de forma extensa en: R. Tresoldi, *Las claves de la iniciación*, publicado por Editorial De Vecchi en el año 2006.

2. ¿Dónde nació J. Goodall?

   ....

3. ¿En qué isla realizó sus experimentos Köhler?

   ....

4. ¿En qué año se publicó el artículo de Köhler con la descripción de la danza ritual de los chimpancés?

   ....

5. ¿Cuántos instrumentos pueden utilizar los chimpancés?

   ....

6. Según Köhler, ¿cuál es uno de los elementos que diferencian al ser humano y el chimpancé?

   ....

7. ¿Cuál es, según Köhler, uno de los procesos fundamentales del proceso psicológico?

   ....

8. Según Goodall, ¿en quiénes se dan comportamientos muy similares entre ambas especies?

   ....

9. En el texto relativo a los dos científicos, ¿cuántas veces se ha subrayado el texto?

   ....

10. ¿En cuántos párrafos está dividida la parte dedicada a los dos científicos, sin contar las citas en párrafo aparte?

    ....

Por cada respuesta acertada cuente 10 puntos: 10 respuestas correctas son 100 puntos y ninguna respuesta correcta, 0 puntos. Si el resultado no le satisface, no se preocupe: este primer ejercicio es sólo un test inicial; en este curso haremos otros tests similares y usted mismo verá si hay diferencias significativas.

LAS LEYES DE LA AGRUPACIÓN[9]

Se ha identificado una serie de leyes fundamentales de la organización, llamadas *leyes de la agrupación*, que actúan tanto a nivel de la organización de la percepción como, cosa aún más importante para nuestro estudio, a nivel del recuerdo. El ejemplo clásico es el del sueño: cuando intentamos contar un sueño, tendemos a transformar un conjunto de elementos a menudo desligados entre sí en una historia lo más coherente posible, igual que hacemos con las figuras que ahora analizaremos. Del mismo modo tenderemos a conectar entre sí experiencias vividas en ciertas circunstancias para darles algún significado lógico, convirtiéndolas en una historia coherente y comprensible. Ello debería alertarnos sobre la veracidad de nuestros recuerdos.

1. Proximidad: los elementos se agrupan según su cercanía. Elementos cercanos parecen formar grupos, aunque la forma y el tamaño de cada uno sean distintos. En los dos primeros ejemplos tenemos tres filas con 15 pequeños rectángulos de idéntica forma y tamaño cada una, pero la ley de proximidad nos lleva a ver figuras distintas. En el tercer ejemplo, la forma y el tamaño de cada elemento son diversos, pero el resultado final no cambia. Así, la forma en que se agrupan los elementos comunica a nuestra mente informaciones distintas.

Ejemplo 1

9. C. Torrans, *Gestalt and Instructional Design*, 1999.

Ejemplo 2

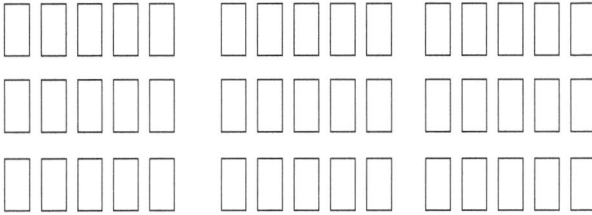

Ejemplo 3

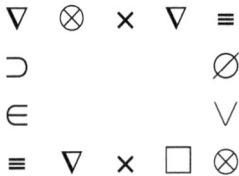

Recordamos mejor lo que está agrupado, como un conjunto de vocablos asociados por grupos *(planta, tronco, rama, raíces, flor, corola, pétalos)*, que elementos no asociados, como por ejemplo vocablos que no guardan relación entre sí *(cajón, copa, cuerda, semáforo, hoja, paraguas, sal)*.

2. Cierre: los elementos se agrupan si tienden a completar alguna figura.

Lo que vemos en el ejemplo 4 no nos lleva a completar ninguna figura, pero si los elementos se agrupan de otra forma, nuestra mente encierra cada uno de ellos en una figura con sentido (ejemplo 5).

Ejemplo 4

Ejemplo 5

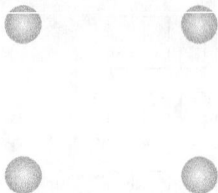

3. Simetría: según la ley de la simetría, la mente tiende a identificar lo que es simétrico, incluso yendo contra la ley de la proximidad. En el ejemplo siguiente las figuras gráficas verticales están encerradas en tres figuras rectangulares, aunque algunas están mucho más cercanas entre sí que otras.

Ejemplo 6

[   ] [   ] [   ]

4. Separación de figura y fondo: si una figura destaca netamente del fondo puede percibirse con claridad; de lo contrario (por ejemplo, en ausencia de fondo), la figura no es percibida de forma clara.

Ejemplo 7

En esta famosa imagen, no está claro si estamos ante una joven o una anciana

Ejemplo 8

En este caso no sabemos si estamos observando una copa o dos rostros de perfil contrapuestos

5. Continuidad: se tiende a proseguir más allá del extremo de un recorrido, en lugar de desviarse por una vía lateral.

En el ejemplo siguiente no vemos una línea que llega a tocar otra línea y luego una segunda línea en la parte opuesta a la anterior que parte del punto donde la primera se había detenido. Tendemos a ver la misma línea que prosigue en una dirección y corta a medio camino la segunda línea.

Como veremos en la próxima lección, nuestra mente tiende a continuar por el mismo camino, en lugar de seguir otro alternativo.

Ejemplo 9

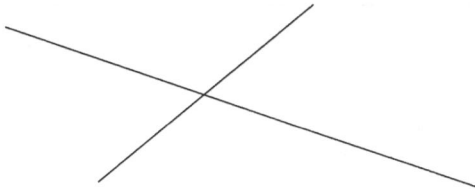

27

6. Semejanza: los elementos que tienen algo semejante tienden a percibirse como agrupados.

Ejemplo 10

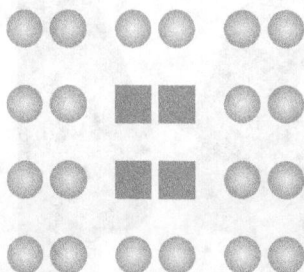

EJERCICIO N.º 2. AGRUPAR FIGURAS, OBJETOS, PERSONAS

Utilicemos ahora los principios fundamentales de la psicología de la forma para ejercitarnos en observar el mundo. Mire con atención una escena cualquiera: una calle animada, una escena de la oficina, un parque con árboles, flores y bancos, una habitación llena de objetos, una vitrina con diversos objetos... Trate de observar el orden que tengan sus componentes y, a continuación, identifique las agrupaciones de figuras, objetos y personas basándose en las enseñanzas de esta escuela.
El objetivo es buscar una correspondencia práctica de la forma en que su cerebro percibe las relaciones entre las cosas. Por ejemplo, si observa a varios chicos que hablan entre sí, se dará cuenta de que, dentro del grupo desordenado, su mente distingue una serie de agrupaciones: un triángulo (tres chicos), un círculo, un cuadrado, etc., que destacan respecto a la masa indistinta.

EJERCICIO N.º 3. MEMORIZAR UN SUEÑO

Trate de transcribir el contenido del sueño nada más despertarse, tal como lo recuerde.
También puede grabar su narración con una grabadora. A lo largo del día, cuéntele su sueño a alguien, a un familiar o a un amigo.
A continuación, tome nota de lo que ha contado (también puede grabar esta segunda narración).

Compare lo que ha contado la segunda vez con lo que ha anotado al despertar y observe si hay diferencias; en caso de que sea así, interprételas a la luz de lo que hemos dicho sobre las leyes de la psicología de la forma.

SOLUCIONES EJERCICIO 1

1) alemana; 2) Londres; 3) Tenerife; 4) 1922; 5) 9; 6) distinta reacción ante la reorganización de las percepciones visuales; 7) la organización perceptiva; 8) niños y crías de chimpancé; 9) 4; 10) 9.

PENSAMIENTO Y MEMORIA

RECORRER SIEMPRE EL MISMO CAMINO

Para entender cómo funciona nuestra mente, debemos imaginarla como un vehículo que hace siempre el mismo camino y que, si no encuentra impedimentos de ninguna clase o algún problema que le dificulte, tiende a actuar siempre de la misma forma. Nuestros pensamientos siguen los recorridos habituales.

Quisiéramos ilustrar este concepto refiriéndonos a un comportamiento de la mente que es justamente lo contrario: ¿qué sucede cuando el recorrido debe modificarse por algún motivo?

Este es el caso de algunos fenómenos interesantes, como el chiste, la intuición y la modificación forzada de la percepción visual, en el caso de un tipo particular de dibujo.

Hemos visto que la percepción es la base de la construcción de la comprensión (véase el apartado acerca de los simios antropomorfos y la psicología de la forma). Si la percepción registra estímulos habituales, los transmite a nuestro cerebro y los organiza en función de las leyes de la Gestalt: por ejemplo, si algunos números, escritos uno junto a otro, están lo bastante diferenciados entre sí, serán transmitidos con formas interpretadas como números, pero si están escritos y amontonados unos sobre otros, de tal forma que sugieran algo distinto, nuestra percepción transmitirá al cerebro estas asociaciones particulares, que serán reorganizadas e interpretadas como algo diferente. Un ejemplo clásico son las imágenes que pueden verse de dos formas distintas, como el rostro de la anciana que se transforma en una muchacha joven y elegante. El motivo de estos cambios perceptivos debe buscarse probablemente en la función visual y en sus modalidades operativas (habrá observado que, en estas imágenes, parece que una imagen predomina sobre la otra durante unos instantes para luego dar paso a la otra, y así sucesivamente).

CURSO RÁPIDO PARA DESARROLLAR LA MEMORIA

Un segundo aspecto interesante es el carácter lineal del recorrido de nuestro pensamiento.

En ausencia de cualquier forma de interferencia o de bloqueo, nuestros pensamientos fluyen según un recorrido obligado, que refleja nuestra experiencia habitual, igual que tendemos a seguir el mismo camino para ir al trabajo, una vez que hemos comprobado que es el mejor (o el único) que podemos seguir.

EL CHISTE

El recorrido llevado a cabo habitualmente por nuestra mente sufre un brusco cambio de dirección si nos hallamos ante un chiste. Partamos de la lectura de un conocido chiste norteamericano.

El jefe espiritual de una religión es llamado por la línea directa que le pone en contacto con Dios, que le revela que ha llegado el momento de unir a todas las religiones del mundo: el jefe religioso se alegra de la noticia y tiene muchas ganas de informar a todos los ministros del culto de la buena noticia. Pero entonces, cuando todos están convencidos de que la unidad de las religiones se efectuará en la religión de quien ha recibido la llamada, Dios concluye: «Ah, quería decirte que te estoy llamando desde Salt Lake City» (la capital de los mormones).

En ese momento surge algo en el oyente que le lleva a la carcajada, una reacción emotiva ante el súbito cambio del flujo normal del razonamiento. Es como si la mente se hubiese hallado ante una barrera, que le obliga a volver atrás, sobre sus pasos, y a tomar un camino lateral que la lleva a la nueva situación: un recorrido inesperado que pone en crisis el proceder normal de la mente y que la desorienta por completo respecto a sus propias conclusiones.

Tal vez sea justo esta forma distinta de proceder de la mente el motivo por el que no recordamos los chistes. Cuando tratamos de recordarlos, se produce algo extraño: nos quedamos en blanco, como cuando nos perdemos en un espeso bosque sin puntos de referencia. Miramos alrededor impotentes, incapaces de orientarnos. En la práctica, no logramos encontrar el camino.

Nuestra mente, en este caso, no logra hallar en el recorrido el punto preciso de la bifurcación que reestructura la información, se queda como paralizada y no logra recordar el chiste.

Veamos un ejemplo: *Centinela*, el famoso relato de ciencia-ficción de F. Brown, que, justo por la forma del todo insospechada en que termina, provoca siempre una gran impresión en los amantes de este género literario. El relato describe el momento en que un soldado, en un planeta lejano, descubre la intrusión de un enemigo alienígena, apunta y lo mata. Parece el clásico episodio en que el ser humano debe combatir contra monstruos extraterrestres, pero el final deja a todo el mundo atónito:

> *Y entonces vio que uno de ellos se arrastraba hacia él. Apuntó y disparó. El enemigo emitió aquel grito extraño y horrible que todos ellos daban y dejó de moverse. El grito y la visión del cadáver le produjeron un estremecimiento. Muchos, con el tiempo, dejaban de fijarse; él no. Eran criaturas demasiado repugnantes, con sólo dos brazos y dos piernas, aquella piel de un blanco nauseabundo, y sin escamas.*[10]

También en este caso nos hallamos ante un bloqueo del proceder normal de nuestro pensamiento, que se encuentra de improviso ante algo que no había imaginado en absoluto y que obliga a un rápido cambio de sentido: hay que volver atrás, tomar otro camino para llegar a las conclusiones propuestas por el narrador. Quisiéramos subrayar que en este caso, a diferencia de lo que sucede con el chiste, la historia suele quedar más grabada en la mente de quien la lee. El mérito cabe atribuirlo a una regla muy importante del proceso de la memoria que, como veremos, constituye la base de uno de los métodos de memorización más antiguos: una situación queda grabada en nuestra mente si nos asombra e impresiona.

La intuición se basa probablemente en el mismo esquema: percepción, organización de la percepción, flujo normal de los pensamientos, imposibilidad para resolver un callejón sin salida del pensamiento, nuevo elemento que obliga a una reorganización de la información, súbito cambio de sentido e intento de tomar un nuevo camino alternativo.

La importancia del camino alternativo es evidenciada por la psicología de la forma y por escuelas psicológicas más recientes; basta con pensar en el llamado *pensamiento creativo*, que no es otra cosa que el pensamiento lateral de los psicólogos de la Gestalt. En el pensamiento

---

10. Reproducido en S. Roncato y G. Zucco, *op. cit.*

creativo se afrontan los problemas desde un punto de vista muy distinto del tradicional, y de esta forma existen más posibilidades de hallar respuestas a problemas no resueltos según el enfoque tradicional.

Un ejemplo clásico, que hemos tenido ocasión de aplicar varias veces en el mundo empresarial con excelentes resultados, es la denominada *inversión del problema*. Imaginemos que tenemos que afrontar un problema que no logramos resolver: cada intento se estrella contra una pared. Partamos entonces de una base muy distinta: el problema ya no existe, se ha resuelto, todo funciona a la perfección, ya no hay dificultades. Ahora, mediante un *brainstorming*, tratemos de entender por qué funciona todo perfectamente. Sin trabas, todos los participantes presentan sus ideas respecto a cómo es posible hallarse ante una situación óptima.

En la práctica, hemos invertido la situación y, por lo tanto, hemos partido de un punto de vista completamente distinto, que permite afrontar el problema desde ángulos diferentes. En general, este enfoque da excelentes resultados, por lo que le invitamos a utilizarlo de forma habitual.

EJERCICIO N.º 1. *BRAINSTORMING*

El ejercicio sobre el pensamiento lateral (término acuñado por Wertheimer) se divide en tres partes.

Primera parte. Escuche el fragmento relativo al *brainstorming* del CD y preste atención a la forma en que es afrontado el problema. No pase a la siguiente parte del ejercicio sin haber escuchado este fragmento.

Segunda parte. Escriba en una hoja los puntos destacados del coloquio, indicando también quién participa y cuáles son los problemas y las soluciones propuestas. Trate de recordar todos los momentos en que se hace referencia a la inversión del problema. A continuación, lea el texto (lo hallará en el apéndice, en la pág. 107) para comprobar que ha marcado todos los puntos importantes. Si se le ha escapado algo, escríbalo en otra hoja.

Ahora trace una línea vertical en medio de una tercera hoja; enumere a la izquierda, desde arriba, lo que ha recordado, y a la derecha, lo que ha olvidado.

Cuando haya terminado este ejercicio, defina unas categorías para lo que ha olvidado y para lo que ha recordado del tipo: nombres de los participantes, función de los participantes, números, datos, objetos, conceptos, etc. Estudie con atención estas categorías. Es posible, por ejemplo, que le cueste recordar los nombres de los personajes, o las propuestas efectuadas, etc. Le recordamos que el texto elegido, justo porque no sigue una línea de pensamiento clara y determinada, sino que presenta opiniones individuales expresadas con el método del *brainstorming*, resulta especialmente indicado para ejercitar la memoria, porque deja pocos asideros (categorías fáciles en las que integrar los elementos, linealidad, lógica del discurso). Tendrá que utilizar las categorías para ejercitar sobre todo la memorización de lo que ha olvidado. En efecto, algunas personas tienden a tener poca memoria siempre para las mismas cosas (por ejemplo, hay quien no recuerda nunca los nombres de las personas). Los datos recabados sirven para saber en qué cuestiones es más débil la propia memoria.

Tercera parte. Mientras ejercita su memoria, aprende también un excelente método para resolver los problemas, que luego puede aplicar también a problemas de memoria. A diferencia de otros métodos, en este caso debe dar rienda suelta a su pensamiento y proponer cualquier cosa que se le ocurra, por extraña que pueda parecer: ¡la mayor parte de las respuestas están ya en nosotros, y a menudo la parte inconsciente es la que conoce la verdad! Este texto es también una demostración práctica de cómo utilizar los principios de la psicología de la forma en la vida cotidiana. Si ha perdido un objeto, uno de los métodos para encontrarlo consiste en plantearse el problema al contrario: «¡Ah, he encontrado el objeto! Bueno, no era tan difícil encontrarlo. ¿Qué he hecho para encontrarlo con tanta facilidad?».

DIBUJAR CON LA PARTE DERECHA DEL CEREBRO[11]

El enfoque que hemos tratado proporciona a la mente una serie de elementos dispuestos de forma distinta a como se ha hecho antes y permite encontrar un esquema de interpretación distinto (elementos distintos son encerrados en figuras diferentes).

Otro ejemplo lo hallamos en la reproducción de imágenes mediante el dibujo. Cuando nos piden que copiemos un objeto, por ejemplo una silla, nos vemos condicionados por nuestra imagen de la silla, que nos obliga a seguir un recorrido obligado que no es necesariamente una copia real de lo que vemos: nuestra visión «mental» de la silla condiciona la reproducción del objeto real.

---

11. Según algunas teorías sobre el funcionamiento del cerebro, los dos hemisferios habrían desarrollado funciones específicas: el derecho, conectado con la mano izquierda, estaría especializado en la visión global y holística de las cosas, con marcadas capacidades intuitivas y artísticas, mientras que el izquierdo, conectado con la mano derecha, estaría especializado en una visión analítica, lógica y discursiva; aunque, según esta teoría, podrían darse casos en que los hemisferios se usurpasen mutuamente las funciones.

Una prueba significativa consiste en hacer dibujar a alguien que no dibuja habitualmente algo sin muestra, una tarea aparentemente banal. La imagen dibujada será muy similar a la que hacíamos en la época en que dibujábamos en el colegio: si dejamos de dibujar cuando éramos niños, nuestra mano reproducirá con trazos infantiles lo que nuestra memoria tanto visual como manual recuerda del objeto.

Para poder utilizar nuestras verdaderas capacidades perceptivas, debemos tratar de engañar a la forma de proceder del cerebro, cosa que podemos hacer aplicando el mismo principio visto en las páginas anteriores: antes hemos invertido la situación; ahora, simplemente, invertimos la imagen que se ha de reproducir (por ejemplo, la foto de una persona). En este caso, la anormalidad del ángulo visual conlleva la dificultad de reconocer las partes del objeto observado y la obligación de reproducir sólo lo que se ve (líneas rectas, curvas, zonas oscuras, formas geométricas). Los resultados suelen ser brillantes, como puede deducirse de la bibliografía que trata de este método de dibujo, denominado *dibujo con la parte derecha del cerebro*, es decir, con la intuitiva y artística, y no con la lógica y racional.

Todo lo dicho en esta lección tenía como objetivo proponerle unos métodos para aprender a utilizar de forma distinta su capacidad de pensamiento, apoyándose en una organización diferente de las percepciones. Al ampliar su capacidad mental, también amplía su capacidad de memorización, porque, como sostenía el escritor Gustave Flaubert, «todo está conectado».

Por este motivo dedique una atención especial al ejercicio n.º 2, que puede realizar ahora mismo, y a los de la lección siguiente.

EJERCICIO N.º 2. LA CAPACIDAD DE PERCEPCIÓN VISUAL

El ejercicio tiene como objetivo ejercitar su capacidad de percepción, para mejorar su atención visual, fundamental a la hora de memorizar cosas, objetos y situaciones, como se explicará mejor en la próxima lección. El ejercicio se divide en dos partes, pero no debe leer la segunda hasta haber realizado la primera.

Primera parte. Observe con atención el dibujo que aparece en la página siguiente. Trate de reproducirlo en una hoja de papel, dibujándolo como lo ve. Cuando acabe, puntúese (del 1, la puntuación más baja, al 10, la más alta). A continuación, pídale a un «juez» fiable, que no quiera ni complacerle ni denigrarle, que asigne una puntuación a su reproducción.

No pase a la segunda parte del ejercicio enseguida; deje transcurrir al menos unas horas.

Segunda parte. Le proponemos que ahora copie de nuevo el dibujo, pero, como hemos aprendido, *invirtiendo la situación*, en este caso invirtiendo el dibujo: deberá reproducir tal como es lo que ve. No trate de interpretar los diversos elementos del puente, de las casas y de la calle, reconstruyéndolos en su memoria; reproduzca las líneas rectas, las formas, los óvalos, las curvas y las partes oscuras sin identificarlos como lo que son en la imagen no invertida. En la práctica traslade al papel los detalles que vea en la imagen. Cuando haya terminado, invierta su dibujo y compárelo con la imagen original. Como hizo en la primera parte, puntúese y luego pídale a la persona de antes que lo valore también. La segunda parte de este ejercicio debe efectuarse al menos dos veces por semana, escogiendo temas siempre distintos para reproducir y teniendo siempre la precaución de invertir la imagen o el objeto.

Lección III — LOS DISTINTOS TIPOS DE MEMORIA

La ciencia reconoce hoy en día varios tipos de memoria, que suelen indicarse con los nombres de *memoria a largo plazo, memoria a corto plazo* y *memoria sensorial*. No se sabe con exactitud cómo funcionan desde un punto de vista fisiológico, y podrían ser tres funciones distintas de un mismo sistema, aunque tienen características propias que las diferencian entre sí.

Lo que puede decirse es que el recuerdo activa diversas zonas sensoriales del cerebro, según el estímulo desencadenante (un sonido, un olor, etc.), por ejemplo, el hipocampo y la corteza olfativa.

LA CLASIFICACIÓN DE LA MEMORIA

• **Memoria a largo plazo.** Se ocupa de almacenar la información durante mucho tiempo (según algunos, para siempre), permitiendo el acceso a la misma cuando es necesario. Probablemente olvidar algo (por ejemplo, qué hicimos hace 10 años en un pueblecito de montaña) no significa que la información se haya perdido, sino sólo que por algún motivo se ha hecho menos accesible a la búsqueda. Ejemplificando, es como si buscásemos un documento en un enorme archivo, lleno de cajas, material tirado por el suelo, periódicos y revistas amontonadas: el recorrido se hace difícil y, aunque sepamos que el documento se encuentra allí, en el fondo, en algún sitio, no logramos llegar a él de forma material...

No deje que el nombre le engañe: la memoria a largo plazo se refiere también a información de pocos segundos atrás, porque este tipo de recuerdos se equipara en la práctica a recuerdos de varios años de antigüedad. Por lo general, cabe distinguir dos tipos de memoria a largo plazo: la episódica, que se ocupa de recuerdos específicos (qué hemos comprado en el quiosco esta tarde), y la semántica, que abarca nuestro conocimiento del universo (desde las características de las alas de un pájaro hasta cómo se llama la capital de la India).

• **Memoria a corto plazo.** Tiene una función distinta. En efecto, sirve para recordar algo que necesitamos para una acción aislada y breve, como el número de teléfono que hay que marcar en el móvil, la comprensión de una frase que estamos leyendo (para entenderla, debemos llegar hasta el final de la frase, y, por lo tanto, hemos de tener en mente lo que acabamos de leer) o un cálculo mental.

• **Memoria sensorial.** Es la que más nos interesa porque, junto con el aprendizaje de las llamadas *mnemotécnicas*, técnicas para memorizar, es quizás el único camino que podemos recorrer para obtener una mejora significativa de la capacidad de memorización. Además, gracias a ella conocemos un método de memorización basado en el incremento de las capacidades sensoriales, las técnicas particulares de memorización —sobre todo la imaginación visual— y el uso abundante de la sinestesia,[12] método en parte similar al desarrollado por el gran mnemonista (memorizador de profesión) Šereševskij.

Así pues, nuestros sentidos tienen una memoria propia. Probablemente operan a varios niveles, con un sistema de memorización local, que interactúa con uno o varios sistemas de memorización en nuestro cerebro. El ejemplo clásico es el que nos ofrece el cine: el efecto de movimiento que percibimos se debe a la memorización de una imagen hasta la aparición de la siguiente, seguida de una reelaboración de la información que une las diversas imágenes en una secuencia en movimiento.

¿QUIÉN ERA ŠEREŠEVSKIJ?

La historia de este personaje y los estudios efectuados sobre él por psicólogos importantes como el ruso Luria son fundamentales para entender de qué forma se puede mejorar la capacidad de memorización.[13]

---

12. La sinestesia es la percepción de determinados estímulos acompañada de imágenes propias de otra esfera sensorial; en el ámbito literario indica la asociación de palabras que se refieren a esferas sensoriales distintas, por ejemplo, describir en términos musicales un color o en términos visuales un sonido: «una voz perfumada», «un color estridente». Fue un maestro de la sinestesia el poeta francés Rimbaud.
13. A. R. Luria, *The mind of a mnemonist*, Basic Books, Nueva York, 1968.

Šereševskij era un periodista ruso de memoria prodigiosa. Admirado por sus capacidades, el director del periódico para el que trabajaba lo envió a ver a Luria, que le sometió a numerosos tests psicológicos para averiguar de qué forma era capaz de recordar tanto y tan bien: podía repetir, incluso años después de haberlos leído y sin equivocarse, textos complejos, poesías en lenguas extranjeras, fórmulas científicas larguísimas y listas de sílabas sin sentido, invirtiendo incluso el orden de enumeración.

¿Cómo memorizaba y recordaba la información Šereševskij? A través de un doble sistema: era capaz de formarse imágenes mentales muy vívidas de las cosas y tenía una capacidad increíble para asociar a cosas, personas o situaciones no sólo imágenes, sino también colores, olores, sonidos y sensaciones táctiles. En realidad, tenía una asombrosa capacidad sinestésica.

Baddeley reproduce algunas interesantes asociaciones sinestésicas de Šereševskij:

Cuando se le presentaba un sonido de 2000 ciclos por segundo, decía:
«Se parece un poco a fuegos artificiales de colores con una tonalidad roja rosada. La banda de color da una sensación áspera y desagradable, tiene un mal sabor, como el de una salmuera...
Al chocar con ella uno podría hacerse daño en la mano».[14]

Pero a veces las cosas positivas pueden tener también un aspecto negativo. Šereševskij no sabía cómo olvidar la cantidad enorme de datos que había memorizado, y todo permanecía en su memoria, incluso lo que quería olvidar. Un día probó a imaginar que ponía aquellos conocimientos indeseados en una pizarra y que los borraba; la técnica, según algunos testigos, funcionó a la perfección.

No queremos transformar a nadie en un pequeño Šereševskij. Sin embargo, ahora ya sabemos cuál es el mejor camino que seguir para mejorar nuestra capacidad de memorización. Lo estamos haciendo de forma gradual: hemos partido de la mejora de nuestra forma de pensar y ver las cosas y los problemas, reorganizando nuestro conocimiento y experiencia. Pasaremos ahora a mejorar nuestras capacidades sensoriales. Debemos despertarnos a un mundo totalmente nuevo de imágenes, sonidos, olores, sabores..., que asociaremos con lo que queremos recordar.

LA MEMORIA VISUAL

Hace unos años se publicó un libro para niños especialmente interesante, titulado *Il regalo del nonno* (El regalo del abuelo*)*. Se trata de un cuento muy sencillo en el que una niña habla de su abuelo y del pequeño jardín en el patio de casa que es su reino. Desde luego, nada de particular, pero lo singular es que el libro no era como los demás libros: había sido realizado por niños sordos, con bonitas imágenes y con la transcripción literal de lo que un niño habría oído contar en el lenguaje de signos, la lengua habitual de los sordos.[15]

La lectura de este librito permite a todo oyente comprender que uno de nuestros órganos sensoriales, la vista, puede cumplir una función fundamental en el conocimiento del mundo y en su transmisión, y plantea un problema de gran importancia: la cuestión de la memoria visual. Si alguien ha tenido ocasión de asistir a una conversación en la lengua de signos entre sordos, habrá observado que la velocidad de los signos es impresionante, hasta el punto de que a un oyente no ejercitado le resulta casi imposible seguir todos los movimientos y darles un significado concreto, pese a tener algunos conocimientos de la lengua de signos.

La pregunta que nos planteamos es muy sencilla: ¿cómo es posible recordar una conversación con semejante número de gestos y expresiones realizados en tan poco tiempo? Podemos entenderlo si analizamos el método de enseñanza de la lengua de signos a los oyentes. La primera fase de la enseñanza no va ligada a la memorización de los signos, sino que se destina a ejercitar la memoria visual, porque la capacidad de un oyente de recordar situaciones visuales significativas a alta velocidad es muy parecida a la de un no oyente no entrenado para expresarse verbalmente, es decir, es muy reducida. Respecto a la capacidad mnemónica visual de un sordo, nosotros los oyentes estamos limitados y debemos someternos a un entrenamiento muy difícil y prolongado para adquirir las mismas capacidades que los no oyentes, que han hecho de la vista su sistema principal de interacción con el mundo.

Hans Furth, uno de los mayores estudiosos de la relación entre pensamiento y sordera, en un estudio llevado a cabo junto a Mendez en 1963, obtuvo resultados experimentales muy interesantes al respecto:

15. La lengua de signos, distinta en cada país y con importantes variantes dialectales, es la verdadera lengua de la comunidad de los sordos. En España recibe el nombre de LSE (Lengua de Signos Española) y permite a un sordomudo interactuar con el ambiente circundante de forma natural, porque se adapta bien a la comunicación visual. Constituye un instrumento de notable importancia para quien se interesa por la lingüística y la comunicación, entre otras cosas porque plantea problemas significativos a las teorías lingüísticas más difundidas, que se basan sólo en el lenguaje articulado.

Estas observaciones llevan a concluir que los individuos privados de lenguaje, pese a no presentar diferencias significativas respecto a los oyentes, organizan con más coherencia los datos de su percepción según los principios de la Gestalt. De acuerdo con las teorías evolutivas de Werner y otros, cabe argumentar que esta tendencia por parte de los sordos demuestra su mayor dependencia de formas preverbales de organización perceptiva.

Ahora podemos proceder a realizar algunos ejercicios que tienen la función de ayudarnos a mejorar de forma significativa nuestra capacidad de percepción y memorización visual. Los ejercicios deberían continuarse durante los periodos indicados.

EJERCICIO N.° 1. FIGURAS GEOMÉTRICAS (A)

Dibuje varias figuras geométricas en una hoja (al menos 10, que incluyan pirámides, esferas y cilindros), recórtelas y apílelas como una baraja de cartas. Sin mirarlas (mantenga los ojos cerrados), después de mezclarlas, coloque cinco en la mesa, una junto a otra, y a continuación cúbralas con una hoja de papel. Abra los ojos, retire durante tres segundos la hoja y vuelva a cubrir las figuras. Trate de recordar con precisión cada una de las figuras y su colocación precisa en el espacio. Prosiga con este ejercicio, cambiando cada vez la disposición de las figuras, obtenida mezclando el grupo de figuras recortadas, hasta que sea capaz de recordar con precisión la posición exacta de todas las figuras.

Para obtener resultados apreciables, deberá realizar este ejercicio al menos dos veces al día, 15 minutos cada vez, durante cuatro semanas consecutivas. Al final de este periodo debería ser capaz de recordar con precisión la colocación de las figuras. Atención: es posible que a los pocos días recuerde ya la posición correcta, pero lo que cuenta es educar su mente, y por ello es necesario un periodo más prolongado.

EJERCICIO N.° 2. FIGURAS GEOMÉTRICAS (B)

Repita el mismo ejercicio, pero esta vez recorte el doble de figuras y pinte los pares de colores distintos. Practique hasta ser capaz de recordar la disposición exacta de las figuras con los colores correctos. Dedique a este ejercicio, por lo menos, 10 minutos al día durante dos semanas seguidas.

Ejercicio n.º 3. Situaciones cotidianas

Después de practicar con los ejercicios 1 y 2, aplique el método a situaciones cotidianas. Observe durante un instante una escena en una acera. Después de varios segundos (de cuatro a seis), aparte la mirada y trate de recordar:

- personas, objetos y elementos diversos presentes en la escena;
- número de personas;
- sus dimensiones;
- la posición que ocupan;
- el color de la ropa que llevan;
- el número de objetos;
- su posición;
- su color.

Ejercítese hasta que el ejercicio le salga con facilidad.

LA MEMORIA AUDITIVA

También nuestro oído funciona gracias a alguna forma de memoria. En efecto, no podríamos reconocer un sonido o un ruido repetitivo si no quedase impreso en nosotros durante cierto periodo de tiempo. En cierto modo, la memoria auditiva parece ser incluso más eficaz que la visual, por lo menos para recordar cosas que se acaban de oír. Si realizamos un test de memoria para controlar lo que recordamos de un número leído, u oído, descubrimos que es más fácil recordar un número que se acaba de oír (o que acabamos de repetir) que uno leído rápidamente. El ejemplo clásico es el de los números de teléfono: es frecuente que pidamos que nos repitan uno, con la intención de marcarlo a continuación, y que al no tener nada con que escribir, lo repitamos en voz alta y lo recordemos hasta efectuar la llamada. De estos sencillos ejemplos y de los estudios efectuados por los psicólogos se deduce que la memoria auditiva (llamada *memoria ecoica*, de *eco*) tiene más duración que la visual, pero presenta un grave problema: se resiente mucho de la interferencia de otros sonidos. Por lo tanto, si oímos un breve ruido desconocido y poco después otros breves ruidos diferentes, la memoria ecoica mantendrá sólo el último o los últimos sonidos oídos, del mismo modo que si oímos un número de teléfono y a continuación otro número de teléfono, tenderemos a recordar el segundo en perjuicio del primero.

Sin embargo, lo que puede servirnos de ayuda es la aportación, nada limitada o parcial, que puede ofrecernos la memoria auditiva para recordar situaciones particulares: así como recordamos los chistes de un actor, las palabras de una canción que nos interesa o una pieza musical que nos conmueve, podemos utilizar el oído como uno de los componentes del proceso del recuerdo, asociando la experiencia auditiva de una situación a lo que debemos recordar. No se trata de algo habitual, porque a menudo, para recordar una situación determinada, no nos preguntamos qué se estaba diciendo en aquella situación, sino qué se estaba haciendo: el recuerdo de las imágenes va en perjuicio del de las palabras dichas. Por consiguiente, cuando tratemos de evocar en la memoria algo, un paso útil será preguntarse, además de qué se estaba haciendo en aquel momento, qué se estaba diciendo en aquella situación determinada.

¿Acaso tiene dificultad para recordar lo que le dicen? ¿No recuerda el contenido de frases muy largas? ¿Quiere mejorar su memoria a corto plazo para poder seguir mejor una conversación o una breve comunicación?

Se trata de necesidades reales, en particular para quien trabaja en una empresa o escucha rápidas indicaciones, instrucciones al vuelo, que no siempre es fácil memorizar.

Los siguientes ejercicios tienen el objetivo de ayudarle a mejorar el rendimiento de su memoria auditiva en relación con textos breves.

EJERCICIO N.º 4. LA MEMORIA AUDITIVA

Escuche en el CD las frases correspondientes a la memoria auditiva (la lista se reproduce también en el apéndice, en la pág. 110). Escuche cada frase y repítala en voz alta, pensando en lo que está diciendo. El método es el de la incorporación de elementos nuevos al final de la frase y tiene la finalidad de habituarle a mantener la tensión y la expectativa necesarias para no reducir la atención al escuchar. Cuando escuche algo al vuelo, acostúmbrese a mantener la misma atención que le exigen estas breves frases. Elabore usted otras similares y ejercítese en repetirlas sin olvidar nada.

EJERCICIO N.º 5. MEMORIZAR DIÁLOGOS

Ahora el objetivo consiste en centrar la atención durante diálogos breves, uno de los momentos en que se pierde con mayor facilidad la información. Podemos actuar de dos formas distintas.

Primer método

Necesitamos una estructura que nos permita mantener alta la atención. Imagínese que está en un vagón de tren y que habla con una amiga o un amigo que se encuentra a cierta distancia de usted. Debe prestar la máxima atención, porque el ruido del tren y el que producen las demás personas es considerable: su concentración al tratar de entender es máxima.

Durante el diálogo, a medida que surjan nuevos elementos, sitúelos en los asientos que hay a su alrededor, siguiendo un recorrido imaginario desde el principio del vagón hasta el final, pasando por el punto en que se halla usted. Si se trata de personas, imagínelas sentadas o de pie en el lugar que les asigne, realizando algo que le recuerde la acción llevada a cabo en la conversación. Si se trata de cosas o acciones, colóquelas en los lugares asignados, tratando de visualizarlas con atención.

Segundo método

En el ejercicio anterior hemos añadido a un núcleo inicial nuevos elementos, hasta llegar a una serie de frases muy largas. Podemos utilizar el mismo sistema, aunque construido con una serie de preguntas relacionadas con la sucesión de un diálogo. Escuche el fragmento del CD relativo a la memorización de los diálogos (se reproduce también en el apéndice, en la pág. 111) y formule preguntas del tipo:

- ¿Quién cumple años mañana? Isabel.
- ¿Por qué hacerle un regalo a Isabel y no a otros? Porque nos ha ayudado varias veces.
- ¿Qué regalo le hacemos? Una biografía de una mujer famosa.
- ¿Por qué Pedro no puede comprar el libro? Porque va a casa de la señora López, una mujer muy gruñona.
- ¿Con quién está casada la señora López? Con el señor Jiménez.
- ¿Por qué el señor Jiménez trata siempre de no volver a casa? Porque su mujer es insoportable.
- ¿Quién comprará el libro? Antonio.
- ¿Qué hará ahora Antonio? Telefoneará a la librería.

Después de escuchar la conversación, responda a estas preguntas de comprobación:

1. ¿Qué fiesta se celebra?
2. ¿La persona de la que se habla es más importante que quién?
3. ¿Por qué motivos hay que hacer un regalo?
4. ¿Qué regalo se hará?
5. ¿Por qué es imposible que Pedro pueda comprar el regalo?
6. ¿Qué comentario surge al respecto?
7. ¿Cuál es la solución al problema?

LA MEMORIA OLFATIVA Y GUSTATIVA

Tal vez haya experimentado un hecho singular: durante un paseo, un perfume o un olor particular llega a sus fosas nasales y, de improviso, lo asocia con algún momento de su pasado.

Por ejemplo, un fuerte olor de café con leche le recuerda el olor del café que tomaban sus padres cada mañana en la casa de campo en la que pasaba el verano de niño, o un olor intenso de musgo le recuerda el valle perfumado de tierra, musgo y ciclamen que recorría de joven con sus amigos, bajando por la ladera de la montaña a toda velocidad en bicicleta.

Estamos ante un tipo distinto de memoria sensorial, que no se limita sólo al olfato, sino que abarca también el sentido del gusto, como nos recuerda Proust:

Y, abrumado por aquel día sombrío y la perspectiva de una triste mañana, no tardé en llevarme maquinalmente a los labios una cucharada de té, en la que había dejado ablandarse un trozo de magdalena, pero en el preciso momento en que me tocó el paladar el sorbo mezclado con migas de bizcocho me estremecí, atento al extraordinario fenómeno que estaba experimentando. Me había invadido un placer delicioso, aislado, sin que tuviera yo idea de su causa [...].

Lo que así palpitaba dentro de mí debía de ser —cierto era— la imagen, el recuerdo visual, que, unido a aquel sabor, intentaba seguirlo hasta mí [...].

Y de repente me vino el recuerdo: aquel sabor era el del trozo de magdalena que, cuando iba a darle los buenos días los domingos por la mañana en Combray —porque esos días no salía yo antes de la hora de la misa—, me ofrecía mi tía Léonie, después de haberlo mojado en su infusión de té o tila.

Nada me había recordado la vista de la pequeña magdalena antes de que la hubiera degustado [...].[16]

¿Cuáles son los vínculos que existen entre el olfato y la memoria? Si un olor es capaz de evocar un recuerdo, ¿es posible también lo contrario, es decir, que un recuerdo logre estimular la zona sensorial correspondiente al olfato? Estudios recientes demuestran que no sólo está

---

16. Marcel Proust, *En busca del tiempo perdido: por la parte de Swann*, Lumen, Barcelona, 2000.

comprobado el estrecho vínculo existente entre el olfato y el recuerdo (como absolutamente todos sabemos, por haberlo experimentado muchas veces), sino también la relación entre recuerdo y olfato.

El neurólogo J. Gottfried, junto a un grupo de colegas del University College de Londres, llevó a cabo un experimento con un grupo de personas cuyo objetivo era asociar numerosos olores a un grupo de objetos, invitando también a los participantes a construir historias con estos objetos y olores. Cuando en una segunda fase del experimento se les mostraron fotos de los objetos, se reactivó la corteza piriforme (zona del cerebro despertada por los olores) de cada participante, incluso en ausencia del olor. El doctor Gottfried subraya que:

> *el cerebro, en lugar de agrupar las imágenes, los sonidos y los olores de un recuerdo en un único punto, distribuye la memoria en las distintas áreas y puede despertarla también mediante uno solo de estos canales sensoriales. Este mecanismo podría permitir a los seres humanos una mayor flexibilidad a la hora de recuperar sus recuerdos.*[17]

Por este motivo consideramos que los olores pueden constituir un instrumento muy útil para recuperar aquella información que no logramos rescatar y que creemos que hemos perdido.

EJERCICIO N.º 6. LA MEMORIA OLFATIVA

Escoja siete situaciones importantes de su vida profesional y, para cada una de ellas, trate de identificar uno o varios olores o sabores que percibió en aquella ocasión y escríbalos en una hoja de papel, junto al acontecimiento.

No es un ejercicio fácil, porque no estamos acostumbrados a actuar de esta forma. Piense en las personas, los ambientes, las cosas, los alimentos, las bebidas, los productos (muchos tienen asociados olores particulares), en definitiva, todo lo que podría recordarle algún olor. Acostúmbrese a asociar olores a sus recuerdos laborales o a cosas importantes que no quiera olvidar, y cuando utilice la imaginación visual asocie también perfumes u olores a las imágenes o las historias que ha imaginado.

17. *Le scienze* (7/06/2004).

EJERCICIO N.° 7. EL REGRESO DE ANA

Escuche en el CD la historia de la vuelta a casa de Ana, tratando de percibir los olores de los que se habla en el relato, y elabore una lista con estos olores y perfumes.

Después de hacer este ejercicio, reconstruya la historia basándose sólo en los olores. Por ejemplo: olor de muguete/«la niña le lleva a Ana un ramito de flores». El texto se reproduce también en el apéndice (pág. 112).

CÓMO OLVIDAMOS

Por lo general, no prestamos mucha atención a nuestra capacidad de tener recuerdos, mientras que somos muy sensibles al olvido de algo. ¿Cómo olvidamos? La pregunta es muy importante, porque una respuesta adecuada podría ayudarnos a concebir estrategias para retener mejor lo que queremos recordar.

UNA LEY IMPORTANTE

Los estudios en este ámbito fueron iniciados por Ebbinghaus, que aprendió con valor centenares de listas de sílabas sin sentido y midió lo que aún recordaba después de intervalos crecientes de tiempo.

Mientras que existe una relación lineal entre tiempo dedicado al aprendizaje y cantidad de elementos recordados, por lo que si se duplica el tiempo dedicado al aprendizaje se duplica también la cantidad de material aprendido, con gran sorpresa de todos Ebbinghaus demostró que el nivel de olvido era de tipo logarítmico y no lineal. Esto significa que, en una primera fase, se olvida mucho más deprisa, mientras que con el paso del tiempo, pese a seguir olvidando, ocurre a menor velocidad que antes. Se trata de un descubrimiento de gran importancia porque, en este caso, se pueden estudiar las llamadas *curvas de la memoria* e intervenir con estímulos oportunos (refuerzo de la información) justo donde estas curvas indican las caídas de memoria.

EJEMPLOS DE LA VIDA REAL

Hemos visto que Ebbinghaus trabajaba con material carente de significado (sílabas sin sentido). ¿Qué sucede en la vida real, cuando nos enfrentamos con palabras, situaciones, personas y objetos? La respuesta la hallamos en un estudio publicado en 1975 por la revista *Journal of Experimental Psychology: General* (104, págs. 54-75).

Los investigadores H. P. Bahrick, P. O. Bahrick y R. P. Wittlinger habían sometido a varios centenares de estudiantes norteamericanos a un test de reconocimiento de nombres y rostros de personas. Uno de los tests consistía en identificar los nombres de los compañeros de colegio de 30 años atrás, en listas que contenían también nombres de personas extrañas. Se llevó a cabo una variante del experimento con una serie de fotografías; también en este caso, además de las fotos de algunos compañeros de colegio, había fotos de extraños. El porcentaje de éxito resultó muy alto.

Los entrevistados demostraron una capacidad muy inferior para asociar nombres a rostros de personas conocidas, o para recordar el nombre de los compañeros de colegio, cuando se hacía una pregunta del tipo: «¿Recuerda el nombre de algún compañero de colegio?».[18]

¿CUÁNTO SE OLVIDA?

El viejo proverbio latino que dice *repetita iuvant* («las cosas repetidas ayudan») parece haber dado en el blanco. Diversos estudios han demostrado que el porcentaje de olvido de un acontecimiento a distancia de años puede aumentar mucho, hasta llegar al 65% después de cuatro años (recordamos más o menos un tercio). Sin embargo, si a lo largo del tiempo el acontecimiento se ha evocado varias veces (al menos cuatro veces, además de la comprobación final), el porcentaje de olvido baja hasta el 12%. Un ejemplo típico es el recuerdo de algunos acontecimientos que hayan tenido lugar diversos años atrás, pero que se han evocado de forma casual en diversas ocasiones, por ejemplo, mirando las fotos del álbum de familia o comentándolas con los amigos.

Hemos observado que resulta muy vivo en muchas personas el recuerdo de la llegada del hombre a la Luna, que tuvo lugar en 1969 (hace más de un cuarto de siglo). Muchos entrevistados, que han recordado con precisión la situación (el lugar donde se hallaban, los comentarios con los amigos y parientes, qué estaban comiendo), recuerdan haber hablado varias veces del acontecimiento con amigos o conocidos, proporcionando a un estímulo ya importante de por sí la evocación necesaria para fijarlo aún más en la memoria.

Así, el porcentaje de olvido de un acontecimiento estaría relacionado con el número de veces que este es recordado: la probabilidad de olvidar es inversamente proporcional al número de veces que se evoca el acontecimiento. Se trata de una enseñanza útil que aplicaremos en la lección sobre el aprendizaje de las lenguas extranjeras.

18. A. Baddeley, *op. cit.*

EL PRINCIPIO DE LA INTERFERENCIA

Hemos visto qué relación guarda el olvido con el tiempo, pero todavía no hemos respondido a la pregunta ¿cómo olvidamos?

Existen dos teorías fundamentales al respecto: según la primera, olvidamos porque la huella mnemónica (el recuerdo) sería borrada con el tiempo, igual que se borra una huella en la arena. Pero si así fuese, no nos explicaríamos cómo es que, en determinadas condiciones, logramos recordar incluso cosas muy antiguas, que hacía años que no recordábamos y que estímulos particulares (estímulos sensoriales como un perfume o una voz) traen de nuevo a la conciencia.

La segunda teoría se basa en el concepto de la interferencia. Sostiene que olvidamos porque otro material, aprendido más tarde (también es posible que sea de forma simultánea), interfiere con el primero. Según algunos estudiosos, la interferencia es más importante cuanto mayor es la semejanza del material memorizado. Podemos confirmar esta hipótesis, que se ha verificado en numerosos estudios psicológicos, presentando un caso interesante de interferencia lingüística. Al estudiar al mismo tiempo chino y japonés, dos idiomas muy distintos, pero que tienen en común algunas características, la más importante de las cuales es la escritura de los ideogramas, hemos observado que sólo es posible obtener resultados aceptables si la persona es capaz de escindir por completo los momentos en que estudia un idioma de aquellos en que estudia el otro. Se produce un fenómeno curioso: cuando se intenta superponer los dos sistemas lingüísticos (utilizando en el mismo contexto tanto un idioma como el otro), no se tienen problemas graves para la forma hablada (las dos lenguas son muy distintas, a pesar de los numerosos préstamos del chino antiguo presentes en el japonés), mientras que sí se tienen al utilizar la forma escrita, donde ambas lenguas utilizan ideogramas. Así pues, el estudiante encuentra dificultades por la recíproca interferencia de dos sistemas que no conoce aún a fondo, pero que son lo bastante similares como para interactuar entre sí.

Existen dos clases diferentes de interferencias: una de ellas, partiendo de la nueva información, inhibe la anterior (inhibición retroactiva); la otra clase parte de la información anterior, que, aunque en apariencia es sustituida por la nueva, en realidad reaparece tiempo después e inhibe la más reciente. También en este caso, el factor «semejanza» tiene una especial importancia: si dos experiencias son muy similares, tenderán a interactuar, con efectos positivos (los nuevos conocimientos se injertan sobre otros preexistentes, completándolos) o negativos (escasa fiabilidad del recuerdo, a causa de la interferencia).

Existen otras teorías para explicar el olvido, algunas de las cuales son muy conocidas; el psicoanálisis, por ejemplo, atribuye mucha importancia a la eliminación de los recuerdos asociados con la angustia o la amnesia histérica:

[Freud] sugirió que gran parte de los olvidos de que somos víctimas a diario podría tener su origen en la eliminación de hechos asociados con problemas emotivos personales. Según la teoría de la «eliminación», algunos recuerdos son inaccesibles, no porque la huella de la memoria se haya disgregado (los recuerdos existen aún, y en condiciones oportunas —tal vez en el transcurso de un tratamiento psicoterapéutico— pueden reaparecer), sino porque su presencia a nivel consciente sería inaceptable a causa de la angustia asociada a los mismos.[19]

Los dos siguientes ejercicios le servirán para fijar los recuerdos del pasado ayudándose con material que tenga a su disposición; el tercero le demostrará lo peligrosa que resulta la interferencia para el recuerdo de los acontecimientos.

EJERCICIO N.° 1. SU EMPRESA

Si trabaja en una empresa y quiere ejercitar su memoria precisamente sobre ella, consiga un folleto con fotografías que la presente al público externo. Hojéelo deteniéndose en las imágenes de la empresa (secciones, oficinas, sectores, personajes) y trate de recordar lo que pueda de cada cosa, de su experiencia en esos ámbitos, de las personas que ha conocido, de las conversaciones importantes. No analice más de una o dos imágenes cada vez, durante 10-15 minutos aproximadamente. Repita el ejercicio en días alternos a lo largo de todo el curso.

EJERCICIO N.° 2. RECUERDOS EMPRESARIALES

Recoja las fotografías que ha hecho en el transcurso de su actividad profesional (durante cursos, formaciones, acontecimientos empresariales, salidas) y analícelas, deteniéndose en cada una. Comience por las menos recientes y, en particular, por las asociadas a experiencias agradables y motivadoras.

19. G. B. Vicario, *Psicologia sperimentale*, CLEUP, Padua, 1988.

Ahora concéntrese en lo que aparece representado y, si estuvo presente en el momento de la foto, trate de recordar todo lo que pueda del acontecimiento. Pero no nos limitaremos sólo a las imágenes, sino que abarcaremos también los sonidos, los olores y los colores.

Haga este ejercicio en un estado de calma, a ser posible en un ambiente tranquilo y relajado, sin distracciones ni ruidos.

Analice sólo una fotografía cada vez, durante un periodo aproximado de 10-15 minutos.

EJERCICIO N.º 3. EL PROBLEMA DE LA INTERFERENCIA

Escuche en el CD las dos historias relativas a la agencia de viajes. A continuación, responda al cuestionario siguiente (se recomienda no leer las preguntas antes de escuchar las historias; el texto se reproduce también en el apéndice, en la pág. 113):

1. ¿Cómo se llama el personaje del primer fragmento?
2. ¿Con quién se encuentra por la calle?
3. ¿Cuáles son los problemas de esta segunda persona?
4. ¿Qué hace el protagonista después de este encuentro?
5. ¿Por cuenta de quién está actuando?
6. ¿Qué acogida halla en el lugar al que ha acudido?
7. ¿Qué recoge?
8. ¿Dónde tiene que ir la persona por la que se halla en aquel lugar?
9. ¿Cómo llega hasta el puesto de trabajo?
10. ¿Cómo se llama la persona que el protagonista de la segunda historia encuentra en la calle?

No se preocupe si le cuesta recordar los detalles que se le han preguntado, pues el ejercicio sirve para hacerle consciente del problema de la interferencia y de la dificultad para recordar historias cuando estas son superponibles, como en este caso.

La enseñanza que debe extraer es de tipo práctico:

1. No trate de aprender cosas similares o casi idénticas en momentos sucesivos; escoja dos momentos distintos en el transcurso del día.
2. Deje pasar bastante tiempo antes de aprender el segundo texto (o acontecimiento, discurso, conjunto de datos) y haga una o varias revisiones de la memorización del primer texto.
3. Si por fuerza debe aprender los dos textos juntos, entonces tendrá que utilizar alguna estrategia; por ejemplo, compararlos con atención, detectar los puntos de contacto y los que difieren, y esquematizarlos en una hoja de papel.

Lección V

LA LOCALIZACIÓN

UNA ÚTIL ENSEÑANZA DEL PASADO

Es probable que el arte de la memoria (o mnemotécnica) sea tan antiguo como el propio ser humano, como demuestra el rico patrimonio de himnos religiosos, leyendas y poemas heroicos compuestos en tiempos en que no existía la escritura y que sólo se confiaron a esta última en una época relativamente reciente.

Se cuenta que la técnica de la memoria, por lo menos como la entendemos hoy en día, nació en torno al siglo VI a. de C., en Grecia, para ser exactos. Un famoso poeta, Simónides de Ceos, había recibido el encargo de un noble de Tesalia de componer un poema en su honor, que debía recitar durante la celebración de un banquete. Simónides recitó la composición, pero, con gran decepción del señor de la casa, una parte de la obra estaba dedicada a Cástor y Pólux, dos divinidades griegas representadas como jóvenes héroes. Entonces Escopa (este era el nombre del noble), despechado, dijo que sólo asumiría la mitad de la compensación, y que la otra mitad ya se la pagarían al poeta las divinidades. Y así sucedió. Durante el banquete un sirviente informó de que dos jóvenes le pedían al poeta que se reuniese con ellos fuera de la casa. Simónides salió, pero no encontró a nadie. Mientras se hallaba en el exterior, se derrumbó el tejado de la casa, sepultando bajo los escombros a todos los asistentes.

A nosotros no nos interesa tanto el aspecto religioso de la anécdota (la compensación pagada por Cástor y Pólux al poeta que los había honrado con su poesía y que a cambio había salvado la vida) como el aspecto policiaco que siguió a lo sucedido. Como nadie era capaz de identificar los cadáveres, se le preguntó a Simónides, el único superviviente, si era capaz de reconocerlos. Asombrado, el poeta observó que se acordaba con precisión de cada uno de ellos, porque tenía en mente el lugar exacto en el que estaban sentados.

La memoria humana se basa en dos dimensiones que conocemos: el espacio y el tiempo. Trabajando con ellas podremos obtener éxitos significativos a la hora de aprender y memorizar prácticamente cualquier cosa. El breve relato que acabamos de reproducir nos presenta la primera de estas dimensiones, el espacio. Integrar en un espacio constituido previamente algunos elementos nuevos nos permite evocarlos con mayor facilidad.

En efecto, el poeta del relato memorizó un espacio concreto, dentro del cual situó a cada uno de los personajes. Al evocar los diversos ambientes del espacio, fue capaz de recordar también lo que se hallaba en ese espacio.

La definición de un espacio estructurado y la integración de elementos aislados en sus diversos componentes son el primer secreto de una memoria infalible.

Quien conoce la mnemotécnica antigua sabe que los estudiosos de la Antigüedad, proyectando cierto número de ambientes (por ejemplo, iglesias, palacios, viviendas, jardines, etc.) que debían conocer a fondo, eran capaces de recordar un número notable de cosas distintas, relacionadas entre sí precisamente gracias a su integración en la propia estructura arquitectónica.

LAS REGLAS QUE HAY QUE APLICAR

1. Escoja un ambiente que conozca a fondo (por ejemplo, su lugar de trabajo, su casa, un edificio que haya visitado a menudo o un jardín que conozca a la perfección).

2. Recorra este ambiente varias veces, tanto desde la entrada hasta el último espacio como hacia atrás, desde el último ambiente hasta la entrada, y acostúmbrese a reconocer con exactitud el recorrido desde cada punto de la construcción, hasta que sea capaz de reanudarlo hacia delante o hacia atrás desde cada local/ambiente de la construcción.

3. Ahora divida lo que debe recordar en algunas secuencias significativas, vinculadas entre sí por elementos simbólicos importantes. Por ejemplo, si está recordando el procedimiento de fabricación de un producto, puede integrar en su edificio las diversas fases del procedimiento, situando entre una y otra un elemento de conexión muy dramático, impresionante, que no pueda dejar de estimular su fantasía. Este aspecto tiene una importancia fundamental, porque nuestra mente recuerda con muchísima facilidad lo que la impresiona y olvida lo que es percibido como banal.

4. La estructuración en partes diversas, relacionadas entre sí, es muy útil, porque nos permite proceder de forma modular: al dividir el proceso que se desea aprender en módulos distintos, pero relacionados entre sí, podemos pasar de uno a otro con facilidad.

5. Algunos aspectos fundamentales del proceso que hay que recordar deben ser identificados por algo en particular (con la ayuda de un rotulador marcador o un recuadro específico) que pueda permitirnos regresar al punto en cuestión cuando deseemos. Se trata de una ayuda muy útil, sobre todo durante los debates.

Veamos un sencillo ejemplo práctico sobre cómo podría integrar los elementos que quiere recordar en la estructura.

1) Puerta de casa
Elemento de memorización: un amigo muy contento que entra en casa y a continuación frunce el ceño.

Introducción, 1: «Queridos amigos, me encuentro entre ustedes esta noche con mucho gusto, tras los momentos difíciles que hemos tenido que pasar».

2) Vestíbulo
Elemento de memorización: sólo cinco cascos de obrero colgados del perchero.

Introducción, 2: «Es cierto que no somos muchos, pero nuestros colegas están trabajando duro para resolver un problema serio en la plataforma cinco».

3) Entrada de la sala de estar
Elemento de memorización: maquetas de dos instalaciones de sondeo de distinto tipo en el mueble de la izquierda. Son ricas en detalles técnicos, que habrá tenido la precaución de visualizar con atención.

Texto: «Como saben, la competencia ha puesto a punto un nuevo tipo de instalación de sondeo que presenta ventajas innegables respecto a la nuestra: esta (descripción de las características, que visualizará observando la maqueta de su instalación de abajo arriba o viceversa), aquella (descríbala analizando la maqueta de la misma forma)».

4) Muro contiguo al del mueble de las maquetas
Se trata de la librería, dividida en varios estantes; asigne a cada estante, que alberga los libros ordenados por temas, los elementos de los que quiera hablar, etc.

Lo importante es que usted recorra los diversos ambientes sin dejar de repetir el texto que ha asociado con ellos: hágalo partiendo del principio hasta el final, y a continuación desde el final hasta el principio. Por último, parta de un punto cualquiera y diríjase hacia el principio o vaya hacia el final.

Se trata de un trabajo más difícil de describir que de realizar: cuando haya aprendido esta técnica, estará en condiciones de viajar por su presentación simplemente paseando por el ambiente escogido.

Los ejercicios que aparecen a continuación están relacionados entre sí: el primero y el tercero se centran en la localización (asociar lo que se debe recordar con lugares conocidos o fantásticos), como técnica de memorización, y el segundo (recordar varias horas después nombres y cargos desempeñados dentro de una empresa) es un ejercicio de control que tiene el objetivo de evidenciar las diferencias de capacidad de aprendizaje entre este método y el de la localización.

EJERCICIO N.º 1. EL EDIFICIO CONTENEDOR

Escoja el «edificio personal» que utilizará como contenedor de la memorización de un texto. Como primera prueba, puede utilizar su propia vivienda. Estúdiela con atención, divídala en el mayor número de ambientes posible y a continuación dibújela. Este boceto, junto con los ambientes, la decoración y todo lo que contiene, le servirá de asidero para la memorización.

Proceda ahora a integrar en la estructura que ha creado este breve texto, que deberá aprender de memoria, asociando las diversas partes a los ambientes y objetos de su vivienda. Si tiene una gran capacidad de visualización, puede trabajar directamente con la imagen mental que tenga; de lo contrario, sobre todo al principio, le resultará útil dividir el texto en módulos que ha de integrar materialmente en su casa dibujada. Al pasar de un módulo al otro, integre un elemento especialmente impresionante, divertido o extraño que le permita volver a encontrar el punto con facilidad.

La tarde en que llegaron los congresistas la secretaría aún no estaba preparada, porque habían enviado los materiales hacía sólo unos minutos. Evitando dar a entender que aún no estaban preparados para la acogida, la señora Bertolet, que se hallaba en el mostrador de recepción, escondió el material preparado sólo en parte detrás de una gran cortina verde y, con una gran sonrisa, se dirigió al primero de los congresistas: «Buenas tardes, señor, es un placer volver a verle. ¿Tendría la amabilidad de firmar en esta lista? ¿Me comunica también el número que tiene junto a su nombre, para que le entregue la insignia y la bolsa?». Mientras tanto, las chicas de la organización, que se habían colado detrás del cortinaje, estaban preparando agitadamente algunas bolsas con los documentos necesarios, y escuchaban con atención lo que la señora Bertolet decía en voz alta. «¿Cómo, señor... Martínez, el número es el 160? Disculpe, no he oído bien: ¿ha dicho 160? Bien, ahora le traen las chicas su bolsa con los documentos y las actas.» Mientras tanto, una de las chicas, después de llenar rápidamente la bolsa, escribía el nombre en la insignia del señor Martínez, y otra aplicaba el número 160 en la bolsa. Las chicas salieron con la bolsa y los documentos, y el señor Martínez, satisfecho, las saludó: «Muy bien, chicas. Eficientes y organizadas como siempre. ¡Las felicito!».

EJERCICIO N.º 2. NOMBRES Y CARGOS

Antes de realizar el ejercicio 3 sobre la visualización imaginativa, trate de memorizar la siguiente lista de nombres. Este ejercicio le permitirá evaluar las diferencias en términos de capacidad de memorización entre los dos métodos.
Lea varias veces con atención la lista de nombres y cargos empresariales, y a continuación no vuelva a tomarla en consideración. Al cabo de unas horas, trate de recordar los nombres y cargos que ha leído, y escríbalos en una hoja de papel.

Administrador delegado	Sr. Calvo
Director general	Sr. Higueras
Director de personal	Sr. Salmerón
Director técnico	Sr. Castillo
Director administrativo	Sr. Sáez
Director de relaciones públicas	Sr. Valle
Director de *marketing*	Sr. Corrales
Secretaria de dirección	Sra. Muñoz
Corresponsal comercial	Sr. Alcázar

EJERCICIO N.º 3. LA VISUALIZACIÓN IMAGINATIVA

Volvamos ahora a nuestro doble ejercicio de localización y visualización: en este caso se trata de «visualización imaginativa», y sirve para recordar los personajes de una empresa cliente nuestra, cuya casa matriz es italiana y en la que acabamos de estar.
Por lo tanto, no utilizaremos el esquema del edificio antes indicado, sino un mapa preciso de una estructura nueva por completo (un barco en navegación) que animaremos en una historia muy dramática. En este

segundo caso, hemos construido un contenedor y hemos integrado en él a los personajes, a los que hemos caracterizado con ropas, grados y ocupaciones que nos recuerdan su cargo o su nombre. Puede parecer un poco complicado, pero para la memorización los resultados son notables. Utilizaremos el mismo mecanismo que nos permite recordar algunas secuencias de una película, vista quizás una sola vez en la vida, pero nunca olvidada. ¡Se trata de un mecanismo que le permitirá recordar la secuencia cinematográfica que ha construido incluso mucho tiempo después! Podrá añadir detalles a su gusto y animarlo todo inventando una historia que puede ser compleja y que le permitirá recordar acontecimientos, situaciones, problemas, etc.

Lea primero con atención, pero sólo pocas veces, la lista siguiente y a continuación dos veces la breve descripción fantástica, representando con precisión cada detalle. Pasadas unas horas, trate de recordar la situación que ha leído y luego anote en una hoja de papel los nombres de las personas y los cargos empresariales. No se preocupe si la historia le parece estrambótica: es voluntariamente ingenua e infantil (como unos dibujos animados) porque se ha observado que de esta forma nuestra mente recuerda con mayor facilidad.

Administrador delegado	Sr. Carlos Olmes
Director general	Sr. De la Maza
Director de personal	Sr. Bordas
Director técnico	Sr. Martillo
Director administrativo	Sr. Pescador
Director de relaciones públicas	Sr. Pascual
Director de *marketing*	Sr. Boticario
Secretaria de dirección	Sra. Angelat
Corresponsal comercial	Sr. Cuadros

La empresa es una antigua embarcación a vela que navega por el Mediterráneo. Ondea la bandera española y lleva una hermosa placa con el nombre.

El Sr. Olmes, que está siempre junto al timón del barco, fuma en pipa como Sherlock Holmes y es muy inquisitivo: quiere saberlo todo de todo el mundo y no permanece quieto un instante. Lleva un elegante uniforme de comandante. Junto a él pilota el barco, con las manos en el timón, el Sr. De la Maza, que lleva siempre una larga maza de hierro para mantener en posición el timón cuando la dirección no debe cambiar. El señor Bordas no deja de ir de un lado a otro de la borda del barco, para comprobar que los hombres están cumpliendo con su deber, mientras que el Sr. Martillo no para de dar martillazos al ancla. El Sr. Pescador está contando los peces que ha pescado, para saber si son suficientes para toda la tripulación, y el Sr. Pascual decora unos huevos de Pascua con el fin de entregárselos a los capitanes de los barcos que encuentren durante la travesía. El Sr. Boticario está separando los medicamentos que transporta el barco y hace con ellos cajas con cantidades concretas, mientras que la Sra. Angelat, que lleva una larga túnica blanca con alas doradas dibujadas, le entrega al Sr. De la Maza unos mapas que debe consultar. El Sr. Cuadros acaba de empaquetar un bonito cuadro con la imagen del barco, que enviarán en la oficina de correos del primer puerto al que lleguen.

| Lección VI

MEMORIZAR UNA LENGUA EXTRANJERA

En el moderno mundo de los negocios resulta cada vez más imprescindible conocer una o varias lenguas extranjeras, no sólo para desenvolverse en el ambiente internacional, sino también para mantenerse al día sobre lo que ocurre en el mundo, leyendo la bibliografía disponible en las revistas especializadas o a través de internet. Por este motivo consideramos importante proponer varias estrategias para aprender una lengua extranjera, concentrándonos en particular en el problema de la memorización de los términos. Las mismas técnicas resultan válidas también para los léxicos temáticos.

Para estudiar un idioma con rigor, sobre todo si queremos conocerlo por cuestiones laborales, hay que estudiar la gramática, practicar la conversación, aprender y memorizar largas listas de términos especializados y usarlo muy a menudo en el ambiente en el que hemos de actuar.

LAS CINCO REGLAS DE ORO

TENER EN CUENTA LOS CONTEXTOS CULTURALES Y LOS ASPECTOS PSICOLÓGICOS

Un idioma se compone de términos, reglas gramaticales, contextos culturales e interacciones psicológicas. No es posible estudiar sólo uno de estos aspectos olvidando prestar atención a los demás. Así que, si deseamos aprender una lengua viva, no sólo para la simple lectura, sino también para comunicarnos con unos hablantes concretos, debemos integrar nuestros conocimientos lingüísticos en contextos culturales específicos y considerar siempre los aspectos psicológicos vinculados a la interacción con otros seres humanos.

Ello será más cierto cuanto más alejada sea la cultura del pueblo cuyo idioma deseamos conocer.

65

Pongamos un ejemplo práctico. Si deseamos aprender japonés, para poder utilizarlo a diario en nuestros contactos con personas japonesas, no podemos aprender sólo gramática y léxico: en este idioma (como, por lo demás, en todas las lenguas) existen registros distintos que deben tenerse en cuenta para entender, hacerse entender y respetar las jerarquías existentes en la cultura japonesa. Así, deberemos tener en cuenta si la persona que habla es hombre o mujer, un superior nuestro, un igual o un inferior desde un punto de vista jerárquico (edad, nivel profesional, enseñanza, etc.), si el idioma se aprende por puros motivos laborales o por exigencias familiares o afectivas. En este último caso, las diferencias de lenguaje son enormes: la lengua que se usa con la persona a la que estamos ligados en el ámbito afectivo o con nuestros hijos no es, evidentemente, la misma que se emplea con otros miembros de la sociedad (salvo con los amigos más íntimos). Por lo tanto, hay que procurar aprender, junto con el idioma, la cultura del pueblo que lo habla.

ESTUDIAR A DIARIO

Lo más útil es realizar un esfuerzo gradual: una hora de estudio metódico al día vale más que cinco horas una sola vez a la semana.

Nuestra mente necesita absorber despacio lo que quiere aprender, del mismo modo que nuestro organismo necesita tiempo para digerir aquello de lo que se nutre. Si de verdad queremos aprender algo, debemos dejar que sedimente despacio en nuestro interior. Las curvas de memoria, de las que hemos hablado, demuestran que es más difícil mantener en el tiempo lo que aprendemos si no lo repetimos con cierta constancia. No obstante, si no nos queda otro remedio, bienvenido sea también el curso intensivo una vez a la semana, pero acompañado de relecturas, ejercicios y conversaciones diarias.

MÁXIMA EXPOSICIÓN AL IDIOMA

Muchas veces se considera que los niños aprenden deprisa una lengua extranjera porque tienen determinadas capacidades que se debilitan con el paso del tiempo. En parte, esto es cierto, pero debemos tener en cuenta que, mientras que un adulto que estudia una lengua extranjera está expuesto unas tres horas a la semana al idioma que aprende (más unas dos o tres horas semanales para leer, estudiar y hacer ejercicios), un niño en la primera infancia está expuesto al menos 10 veces más que un adulto al idioma que aprende de sus padres, que le hablan durante todo el tiempo en que permanece despierto.

Ello resulta válido también para los adultos: se dice que una estancia en el extranjero puede valer más que largos estudios en el propio país, y es cierto, porque la vida cotidiana en un país extranjero nos expone al idioma de forma continua. Entonces, habrá que recrear situaciones similares, exponiéndose lo más posible a la influencia de la lengua extranjera.

¿Cómo podemos hacerlo? Aplicando la técnica LEVPH: leer, escuchar, ver, pensar, hablar.

Después de aprender una lista de términos relativos a un tema específico, lea un texto que trate precisamente de ese asunto, escuche un programa de radio o una grabación que aborden el mismo tema, vea un documental relacionado con el asunto tratado, razone de forma directa en la lengua extranjera utilizando los términos aprendidos, resuma lo que ha leído, visto y oído con sus palabras, tanto oralmente como por escrito, y, por último, charle un poco con una persona nativa. De esta forma afrontará el tema desde todos los ángulos posibles, recreando las situaciones en las que se encuentra quien vive en el extranjero.

ATREVERSE A HABLAR

Muchas personas que han estudiado, incluso durante mucho tiempo, una lengua extranjera no tienen valor para «lanzarse» a una conversación, por temor a quedar mal. Ahora bien, si el objetivo de la comunicación es un intercambio de información, está claro que no sirve de nada aprender un idioma para no usarlo. Por ello, resulta fundamental tener valor para hablar e interactuar con personas nativas.

No tema: su problema lo tienen también los demás cuando comienzan a aprender una lengua extranjera, por lo que debería hallar comprensión y paciencia.

No importa que lo que diga no sea perfecto, ni que la pronunciación no sea como quisiera: a excepción de ambientes académicos, en la conversación cotidiana y en la de negocios el interlocutor prefiere a quien se expresa de forma *fluent* (discurso rápido), aunque sea con errores, que a quien lo hace de forma *correct* (correcta desde el punto de vista gramatical) pero con una lentitud exasperante. Sólo hablando continuamente podrá desarrollar los automatismos necesarios para localizar los términos correctos y utilizar las estructuras habituales con el fin de mejorar el conocimiento del idioma.

UTILIZAR ESTRATEGIAS DE MEMORIZACIÓN

Para el aprendizaje de los términos, utilice una estrategia de memorización que le permita sistematizarlo.

En efecto, no es tanto el número de veces que repite algo lo que le ayuda a aprender, sino la forma en que lo hace, como subraya Baddeley en su estudio sobre la memoria:

> *Sin embargo, cierto número de experimentos ha sugerido recientemente que la repetición mecánica, sin ningún intento por parte del individuo de organizar el material, no puede conducir al aprendizaje [...]. ¿Por qué los resultados obtenidos fueron tan modestos? ¿Acaso un millar de repeticiones no eran suficientes para enseñarle a cualquiera la información numérica necesaria? En realidad hay excelentes razones para creer que no. Ante todo la mera repetición de información no asegura que sea bien recordada; en cambio, es determinante la forma de elaborar la información de quien aprende.*[20]

Así pues, ¿cómo pueden memorizarse listas de términos o léxicos especializados, tan esenciales para quien trabaja en un sector específico?

Volvamos a la regla varias veces recordada: hay que crear unas macroestructuras dentro de las cuales se integrarán los elementos que están vinculados.

Recordemos que, según la psicología de la Gestalt, el elemento aislado adquiere un valor distinto cuando se integra dentro de una estructura, hasta el punto de que los elementos de la estructura, tomados juntos, son mucho más que su suma.

Así pues, será mucho más difícil recordar una lista de términos que no tienen ningún vínculo de significado entre sí que una de palabras con algún tipo de relación semántica; por ejemplo, la memorización será más sencilla si razonamos por pares de términos contrapuestos: blanco/negro, alto/bajo, izquierda/derecha, etc.

No olvidemos tampoco los denominados *mapas mentales*, auténticos depósitos de información relacionada entre sí, que están bien presentes y grabados en nuestra mente, por lo que resulta fácil, si se recuerda el primer elemento, visualizar también los términos vinculados.

20. A. Baddeley, *op. cit.*

Por último, muchos términos tienen elementos comunes que facilitan su identificación, como, por ejemplo, las diversas formas derivadas de la misma raíz (ágil, agilidad, ágilmente, agilizar, etc.).

Antes de pasar a los ejercicios, estudie con atención el siguiente apartado sobre la comprobación, mediante el cual podrá obtener resultados muy positivos. El método presentado se basa en los estudios de los investigadores Landauer y Bjork.[21]

En lo que se refiere a los ejercicios, cabe subrayar que se exponen dos métodos diferentes de memorización de términos. El primer ejercicio, de tipo estrictamente mnemónico, sirve para aprender listas completas de términos; el segundo, en cambio, integra los términos aprendidos dentro de estructuras visuales similares a las ya descritas. El ejercicio 2 presenta los esquemas de los que se hablará al tratar la integración de los términos en un contexto. Los dos ejercicios tienen un valor demostrativo, es decir, pretenden indicar cuánto se recuerda utilizando el método mnemónico tradicional y el alternativo que le presentamos. Para una comprobación práctica, realice el primer ejercicio durante unos 10 minutos y luego, un día más tarde, compruebe cuánto recuerda. Pasados varios días, realice el ejercicio 2, durante 10 minutos, y luego verifique cuánto recuerda un día más tarde. No resulta oportuno realizar los dos ejercicios juntos, pues se produciría la interferencia de una lista con la otra.

LA IMPORTANCIA DE LA COMPROBACIÓN

Los investigadores Landauer y Bjork observaron que a la hora de aprender listas de términos se obtienen mejores resultados si entre el aprendizaje y su comprobación transcurre cierto periodo de tiempo. Por *comprobación* se entiende verificar al cabo de cierto tiempo que se recuerda un término de una lista aprendida anteriormente. Si no es así, se vuelve a presentar la traducción del término y, tras un periodo menos prolongado, se pasa de nuevo a la comprobación. En cambio, si el término es recordado al primer intento, la comprobación sucesiva del mismo se llevará a cabo tras un periodo más prolongado. El método es presentado con claridad por Baddeley:

---

21. T. K. Landauer y R. A. Bjork, «Optimum Rehearsal Patterns and Name Learning», en *Practical Aspects of Memory*, Academic Press, Londres, 1978.

La solución de este dilema (si recordamos mejor un término en caso de que se nos presente dos veces en rápida sucesión o en caso de que las dos presentaciones tengan lugar después de cierto periodo de tiempo) consiste en utilizar una estrategia flexible en la que un nuevo término es comprobado inicialmente después de un breve intervalo de tiempo. Luego, cuando el término se aprende mejor, el intervalo en su repetición es alargado de forma gradual, de acuerdo con el objetivo de comprobar cada término después del intervalo de tiempo más largo al final del cual este pueda evocarse de forma fiable.[22]

El método presentado por Baddeley es ejemplificado a continuación mediante una secuencia de términos franceses. El profesor presenta la palabra y acto seguido comprueba que el alumno lo ha aprendido y vuelve a proponer la comprobación más tarde.

De la tabla siguiente se deduce que el profesor primero presenta la palabra, luego formula la pregunta y el alumno responde.

Término que presenta el profesor	Pregunta para el alumno	Respuesta del alumno
cuadra = écurie	¿cuadra?	écurie
caballo = cheval	¿caballo?	cheval
	¿cuadra?	écurie
	¿caballo?	cheval
hierba = herbe	¿hierba?	herbe
	¿cuadra?	écurie
	¿caballo?	cheval
	¿hierba?	herbe
iglesia = église	¿iglesia?	église
	¿hierba?	herbe
	¿iglesia?	église
	¿cuadra?	écurie
	¿hierba?	herbe
	¿caballo?	cheval

Como hemos indicado antes, en caso de error por parte del alumno, el término es presentado de nuevo con un intervalo más breve, para comprobar el aprendizaje del mismo.

22. A. Baddeley, *op. cit.*

Ejercicio n.º 1. Memorización de términos (A)

Memorice los términos japoneses de la lista. Puede crear sus listas en el idioma que prefiera memorizar. Hemos optado por el japonés porque, al ser en general menos conocido, evita dar facilidades a quienes, por ejemplo, conocen ya el inglés, el francés, el alemán u otros idiomas europeos. Para el aprendizaje utilizaremos el sistema clásico de la retroversión: tapando el término en lengua extranjera, lea el que está en castellano y luego la traducción en japonés; a continuación, aplique el mismo procedimiento para las palabras en japonés: tape los términos en castellano, lea los que están en japonés y tradúzcalos al castellano. Proceda aprendiendo una palabra cada vez, repitiendo en cada ocasión la lista como le hemos indicado en el apartado sobre la importancia de la comprobación. Trate de visualizar lo que está repitiendo. Un día más tarde tape la lista de los términos japoneses y, al leer las palabras castellanas, intente recordar las japonesas.[23]

inu	perro
hon	libro
jidosha	automóvil
sen-i	fibra
toshi	gran ciudad
tomodachi	amigo
gyunyu	leche
isu	silla
ringo	manzana

Ejercicio n.º 2. Memorización de términos (B)

Como en el ejercicio anterior, memorice los términos de la lista siguiente. Observe que se trata de palabras asociadas de alguna forma (astronomía y geografía), por lo que pueden formar una clase autónoma de términos que normalmente también están relacionados en castellano. Así tendrá ya preparada una estructura de base, un recipiente en el que integrar cada uno de los conceptos. Si visualiza lo que está aprendiendo, se dará cuenta de que es posible crear una auténtica imagen única con todos los objetos enumerados integrados cada uno en su lugar. Un día más tarde tape la lista de los términos japoneses y, al leer las palabras castellanas, trate de recordar las japonesas.

23. Pronunciación: j = y de *yin*; sh = sh del inglés *shining* o del francés *chaise*; ch = ch de *choza*; g = g de *gato*; z siempre sonora; h ligeramente aspirada.

sora	cielo
teyo	sol
hoshi	estrella
yama	montaña
oka	colina
shiki	roca
kawa	río
mizuumi	lago
umi	mar

EJERCICIO N.° 3. MEMORIZACIÓN DE TÉRMINOS (C)

Escriba una lista de términos que desee estudiar. Apréndala según el método que ahora ya conoce, el de la comprobación. Cuando esté satisfecho del resultado, dedíquese a otra cosa.

Al cabo de una o dos horas, vuelva a coger la lista de términos que ha estudiado y compruebe cuántos recuerda: a título indicativo, debería recordar del 45 al 70% del material con el que ha trabajado, en función del tipo de material y de las estrategias que haya podido utilizar, de forma consciente o inconsciente; aprenda de nuevo los términos que no recuerde.

Al cabo de 24 horas vuelva a coger la lista de términos y compruebe cuántos recuerda; una vez más, memorice lo que haya olvidado.

Las sucesivas comprobaciones deben hacerse a los 2, los 5 y los 15 días. Cada vez, utilice el mismo sistema y trate de recordar los términos pasando de los que están en lengua extranjera a su traducción castellana, y viceversa.

Un aspecto importante: después de la comprobación a los cinco días, resulta útil leer textos que contengan los términos memorizados (diálogos, narraciones, artículos, informes, etc.).

EL CALENDARIO

Imaginemos que aprendemos 10 términos de una lengua extranjera al día. Al cabo de 30 días, habremos aprendido 300 términos y al cabo de 3 meses, 900, lo suficiente para desenvolvernos en la vida cotidiana. Si queremos insistir, en 10 meses podríamos aprender 3000 términos.

Utilizando el sistema de las curvas de memoria, estos 3000 términos pueden memorizarse de verdad, enriqueciendo el conocimiento del léxico del idioma mucho más que en condiciones normales.

Sin embargo, para conseguir estos resultados hay que organizarse, siguiendo un esquema férreo y muy intenso. Por otra parte, ¡no se pueden obtener grandes éxitos sin esfuerzo!

De todas formas, puede modificar la cantidad de material que desea aprender en función de sus necesidades, limitándose incluso a pocos términos al día, a condición de respetar el calendario: no son muchas las personas que pueden dedicar todo su tiempo libre al aprendizaje de términos.

El primer día aprenderemos 10 palabras, que deberemos comprobar al cabo de 1 o 2 horas, para hacernos una idea de cuánto olvidamos en términos porcentuales.

El segundo día (han pasado 24 horas) comprobaremos las 10 primeras palabras y aprenderemos otras 10, pero no inmediatamente después de la comprobación, sino en momentos distintos.

El tercer día (han pasado 48 horas) comprobaremos los dos primeros grupos de palabras y aprenderemos otros 10 términos más.

La comprobación de las palabras aprendidas en los dos primeros días puede tener lugar en el mismo momento, pero no el aprendizaje del tercer grupo.

El cuarto día (han pasado ya 72 horas) comprobaremos las palabras del segundo y el tercer día, y aprenderemos entonces 10 términos más.

El quinto día (han pasado 96 horas) comprobaremos las palabras del primer, el tercer y el cuarto día, y aprenderemos 10 términos más.

A partir del sexto día no volveremos a comprobar, hasta 15 días después del inicio de su memorización, la lista de términos del primer grupo, aunque trataremos de utilizar cada una de las palabras en la práctica, y así sucesivamente.

UN SISTEMA ALTERNATIVO: EL MÉTODO DIRECTO

A principios de los años ochenta el estudioso japonés Yasunori Ishii, fundador del Educational Information Institute, para enseñar el idioma japonés a los extranjeros creó un sistema basado en lo que suele denominarse *método directo*.

Partiendo de la consideración de que los plazos necesarios para aprender una lengua extranjera son bastante largos, y los del japonés aún más, Yasunori Ishii pensó que existía la posibilidad de reducirlos y mejorar el aprendizaje si se dejaba de lado la mediación de la lengua materna del estudiante. Ideó entonces un sistema de enseñanza basado sólo en el uso del idioma japonés, impartido por profesores nativos que usaban de forma exclusiva su propio idioma, con ilustraciones que mostraban objetos y acciones, junto a esquemas gramaticales repetidos con innumerables ejemplos.

Se invitaba al alumno a que asociase las palabras y frases japonesas con las ilustraciones e intuyese sobre una base analógica el sentido de las estructuras gramaticales, dejando a un lado la fase de intermediación de su propio idioma. En la práctica, el vínculo entre la imagen (por ejemplo, un automóvil) y la palabra japonesa correspondiente *(jidosha)* no contaba con la mediación del paso a través de la traducción castellana *automóvil*. Se creaban así asociaciones directas entre el concepto del objeto o de las acciones y la correspondiente expresión japonesa.

El objetivo que se proponía el creador de esta metodología era llegar a un aprendizaje más rápido y estable del idioma, que era absorbido de forma más natural, procediendo por asociaciones y analogías, sin recurrir al uso de idiomas completamente distintos del japonés, que habrían creado problemas significativos a causa de la interferencia de sistemas gramaticales y semánticos diferentes.[24]

Hemos estudiado durante mucho tiempo la aplicación de este método directo de Yasunori Ishii en diversas escuelas y hemos observado resultados muy interesantes.

Las principales ventajas pueden resumirse en:

• mayor velocidad de aprendizaje: a igual tiempo dedicado al estudio, se aprende de un 250 a un 300% más que con otros métodos tradicionales;
• la gramática aprendida con la dramatización, la analogía, el razonamiento y el lento depósito en el fondo de la conciencia se asimila mejor y de forma duradera;
• las frases típicas japonesas y los términos correctos se utilizan en los contextos exactos, sin interferencia por parte de las correspondientes estructuras de la propia lengua materna.

En conclusión, el método resulta especialmente adecuado para quien debe llegar a pensar y razonar en este idioma, o a traducir a su propio idioma, mientras que puede resultar menos eficaz para quien debe traducir de su lengua materna al otro idioma, por la falta de práctica en la

---

24. Se trata de la nueva propuesta en clave moderna de teorías anteriores: ya otros autores habían propugnado el uso de un método directo basado en las imágenes o en la dramatización, como el húngaro Cse en la primera mitad del siglo xx.

comparación entre las dos estructuras lingüísticas y también a causa de algunas imprecisiones en la comprensión efectiva de la gramática.[25]

EL MÉTODO EN LA PRÁCTICA

Nos hallamos en el centro de una gran ciudad; a nuestro alrededor tenemos cientos de objetos, situaciones y personas que quisiéramos describir en una lengua extranjera. ¿Cómo podemos hacerlo?

En primer lugar, nos olvidaremos de nuestra lengua materna. Pensaremos en ese ambiente e imaginaremos, visualizándolo con precisión, todo lo que podría encontrarse a nuestro alrededor. Luego recortaremos numerosas tarjetas de 10 × 6 cm y dibujaremos (basta con un boceto reconocible), en cada una, una imagen de todas las cosas o acciones que hemos imaginado. Escribiremos en la cara posterior de la tarjeta el nombre del objeto o de la acción en la lengua extranjera y, a continuación, pegaremos con cinta adhesiva las tarjetas de nuestra ciudad imaginaria en nuestra habitación (mejor en un ambiente con muchos armarios o superficies lisas). Figura a figura trataremos de recordar la palabra o la acción ilustradas. Cuando no lo consigamos, miraremos qué hemos escrito en el reverso de la tarjeta. Y continuaremos así hasta el completo dominio del vocabulario y de las frases vinculadas a las imágenes.

Es fundamental no traducir al castellano los términos y no asociar las imágenes con la traducción castellana (por ejemplo, *toshi* = ciudad), sino visualizar con exactitud lo que hemos representado.

Resumamos el procedimiento.

• Prepararemos un gran número de tarjetas, dibujando (basta con un simple boceto) objetos, personas y situaciones, utilizando listas de términos (para algunos idiomas, existen tarjetas similares en el mercado).
• Imaginaremos cosas, personas u objetos, o situaciones particulares, reflejados en las tarjetas, creando un cuadro visual preciso.
• Asociaremos las tarjetas al término correspondiente en la lengua extranjera, practicando tantas veces como sea necesario hasta llegar a una asociación inmediata.
• Construiremos con las tarjetas la situación que hemos imaginado.
• Observando las tarjetas, repetiremos en voz alta lo que vemos.

25. Para el método de Yasunori Ishii, véase: www.eicinengland.co.uk.

• Cuando no recordemos el término, miraremos en el reverso de la tarjeta y repetimos la palabra en la lengua extranjera.

Puede que algunos encuentren el sistema un poco laborioso. Cabe subrayar que quien posee una gran capacidad de memorización no necesita utilizar este sistema, aunque puede obtener beneficios del mismo; el método es especialmente útil sobre todo para quienes tienen dificultades para memorizar términos, frases y palabras especializadas, o para quienes deben acostumbrarse lo antes posible a situaciones reales, en las que interactuarán en ambientes parecidos a los simulados.

EJERCICIO N.º 4. MEMORIZACIÓN DE TÉRMINOS MEDIANTE TARJETAS

Con los términos siguientes realice unas tarjetas y ejercítese con el método directo.

heya	habitación
mado	ventana
kabe	pared
doro	puerta
teburu	mesa
isu	silla
ie	casa
michi	calle
machi	ciudad

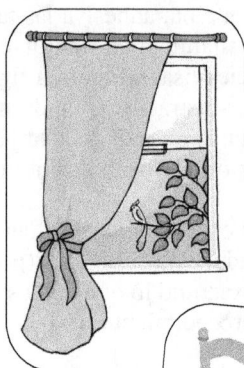

MEMORIZAR
NÚMEROS

Existen estrategias prácticamente infinitas para memorizar números (de teléfono, cifras relativas a cuentas, números de cuentas corrientes, etc.) y, con un poco de imaginación, también usted podrá inventar varias, adecuadas a sus necesidades y en línea con su capacidad. Le proponemos una técnica que, en nuestra opinión, es la más productiva, porque permite mantener en la memoria los números durante un periodo muy prolongado, y una segunda técnica, igual de eficaz, sobre todo para quien tiene una capacidad de visualización muy pronunciada.

ASOCIAR UNA IMAGEN AL NÚMERO

Varias veces hemos puesto el ejemplo de que recordamos con facilidad una secuencia de alguna película que nos ha conmovido de manera particular: aunque hayan pasado muchos años, cada escena se ha grabado a la perfección en nuestra memoria, y nunca la hemos olvidado. Esto sucede porque nuestro cerebro es capaz de recordar con mayor facilidad historias completas, ya sea en forma de simples secuencias (en cualquier caso, son historias cerradas a todos los efectos, a veces con momentos de transición entre una secuencia y otra), ya sea como narraciones completas. Uno de los principios que entra en juego es el de estructura coherente, del que hemos hablado en la lección que trata de la psicología de la forma: los diversos elementos de la secuencia están conectados entre sí, unidos por una coherencia interna de la escena, y forman una unidad completa.

Entre las numerosas estrategias que se pueden utilizar para memorizar los números presentamos la que se refiere a la asociación con una historia. ¿Cómo podemos aplicar este procedimiento a los números?

El primer paso consiste en transformar los números en imágenes que nos los recuerden y que podamos combinar en historias, fantásticas, sin duda, pero fáciles de memorizar. La asociación número-imagen debería ser buscada por cada uno, actuando de la siguiente forma. Escriba bien grande la secuencia de números del 1 al 10 en una hoja de papel. Concéntrese en el primer número de la serie y piense con qué objeto o persona, fácil de memorizar, puede asociarse. Tenga cuidado con los números 1 y 7, ya que son muy similares desde el punto de vista gráfico, al igual que el 3 y el 8, así que trate de no hallar objetos o personas que puedan crear confusión entre estos cuatro números. Decida también si quiere unir los dos componentes del número 10 (1 + 0) o si quiere mantener las figuras halladas para los números 1 y 0.

Proponemos a continuación una secuencia numérica con las asociaciones correspondientes como ejemplo. Puede utilizarla o puede escoger imágenes muy distintas, según su sensibilidad.

    1 = vela
    2 = cisne
    3 = gaviota volando
    4 = barco de vela
    5 = conejo de largas orejas
    6 = pez que se escurre
    7 = acantilado sobre el mar
    8 = figura humana de líneas sinuosas
    9 = raqueta de tenis
   10 = el Gordo y el Flaco
    0 = el Gordo solo

Veamos ahora cómo proceder en la práctica. Debemos recordar el número de teléfono 34936651325.

Podemos memorizarlo varias veces, según la técnica clásica de la repetición, tal vez simplificándolo con la descomposición prefijo de España + prefijo de Barcelona + otra estrategia (por ejemplo, dividiéndolo en tres miembros más fáciles de memorizar: 665 13 25).

Podemos construir nuestra historia: «En casa de unos amigos, en España, en Barcelona, dos peces dorados muy vivaces están jugando en una pecera de cristal, observados por un conejito, que tiene a su lado, para iluminar el espectáculo, una vela luminosa. Pero no es el único que contempla este espectáculo: una gaviota ruidosa y un cisne negro precioso están detrás de él, controlados por otro conejito, que vigila en la retaguardia que las dos aves no vayan a pescar a los dos pececillos dentro de la pecera». Repetimos: España 34, Barcelona 93, dos pececillos 66, conejito 5, vela 1, gaviota 3, cisne 2, otro conejito 5; el número es el 34936651325.

Una sugerencia importante: cuando invente la historia, procure que las situaciones sean muy llamativas, memorables e impresionantes, porque, como hemos visto, nuestra mente olvida las cosas banales y recuerda lo que nos conmueve e impresiona.

Algunos podrán objetar que el sistema resulta un poco laborioso y que es más fácil y rápido aprenderse el número de memoria. Es cierto, pero sólo en apariencia. Aprenda bien su historia, repítala dos o tres veces y a continuación olvídelo todo. Aprenda otro número de teléfono con el sistema tradicional, es decir, memorizándolo muchas veces; cuando lo recuerde, no vuelva a pensar en él durante tres días.

Una vez transcurrido ese tiempo, trate de recordar el número que ha memorizado según el método tradicional y escriba lo que recuerde; luego, cuéntese de nuevo la historia que había inventado y seguidamente escriba los números correspondientes. Usted mismo se dará cuenta de la diferencia.

RECORDAR CON FECHAS

Si es amante de las fechas, puede recordar una secuencia numérica en función de las posibles fechas encerradas en ella: por ejemplo, el número 149219451918 puede descomponerse en 1492 (conquista de América) + 1945 (fin de la segunda guerra mundial) + 1918 (fin de la primera guerra mundial). O puede optar por asociar algunos números con celebraciones familiares: por ejemplo, podría dividir el número 93183038 en 93 (prefijo de Barcelona) + 18 (fecha de nacimiento de Roberto, el primer hijo) + 30 (aniversario de boda) + 38 (año de nacimiento del cónyuge), tal vez inventando una historia...

LOS RELOJES DE PARED

Otro sistema consiste en imaginarse una serie de relojes de pared, cada uno de los cuales indica un horario distinto (diferentes husos horarios). A continuación, puede asociar a cada par de números la hora correspondiente en el reloj indicado. Es importante que cada reloj tenga una forma geométrica distinta que refleje la sucesión espacial, por ejemplo:

- 1.er reloj: redondo;
- 2.º reloj: rectangular;
- 3.er reloj: triangular;
- 4.º reloj: cuadrado;

• 5.º reloj: pentagonal, y así sucesivamente (intentando, cuando sea posible, utilizar formas geométricas asociadas con el número de la sucesión de relojes).

A continuación, puede reflejar las horas correspondientes a los números. Por ejemplo, el número 7526843149 podrá descomponerse así:

reloj redondo	reloj rectangular	reloj triangular	reloj cuadrado	reloj pentagonal
07,05	02,06	08,04	03,01	04,09

También en este caso el éxito de la operación depende de la visualización: colores y formas deben ser muy vívidos y hay que prestar la máxima atención a la posición de las agujas en horas y minutos.

Proceda ahora a realizar el ejercicio siguiente.

EJERCICIO N.º 1. MEMORIZACIÓN DE NÚMEROS

1. Memorice los siguientes números construyendo historias fantásticas adecuadas:

023456789	06767489	0881386356

2. Memorice los siguientes números utilizando la técnica de los relojes:

458976	24560965	23434587

MEMORIZAR
PERSONAS
Y CITAS

Ya habrá comprendido el motivo por el que hemos insistido tanto en la importancia de ejercitar determinadas capacidades de nuestra mente, como la percepción, la atención y la visualización. En la última lección profundizaremos también en otros aspectos importantes, al tratar sobre la concentración, la motivación y el tiempo. Nuestras estrategias de memorización se basan precisamente en la utilización óptima de estas capacidades. En efecto, no es posible conseguir una buena visualización si antes no hemos sido capaces de enfocar con precisión las percepciones que deberían constituir la base de esta visualización y si no hemos desarrollado un fuerte sentido de las estructuras y los recipientes dentro de los cuales integrar las asociaciones visuales o sensoriales en general. En esta lección utilizaremos todo lo que hemos aprendido hasta ahora.

El sistema óptimo para asociar personas, nombres, cargos, números y citas pasa por la construcción y el uso de una agenda mental que sea interactiva.

UNA AGENDA MENTAL INTERACTIVA

PERSONAS Y APELLIDOS

Imagínese una pantalla de ordenador: arriba a la izquierda, a pocos centímetros del borde superior, sitúe una imagen muy vívida y precisa de la persona que le interesa (el busto es suficiente). Esta imagen debe llevar en su interior algún elemento curioso, particular y específico del nombre de la persona que pueda ayudarle a reconocerla de inmediato. Por ejemplo, en el caso de la señora Angelat, la secretaria de la empresa de la ficción del galeón español en el ejercicio 3 de la pág. 62, podría ser una camiseta con dos alas de ángel dibujadas; en el caso del Sr. De la Maza, quizás un bate de béisbol que sostiene entre los brazos cruzados, etc. De esta forma habrá asociado la imagen de la persona con algún elemento que pueda hacerle recordar de inmediato su apellido. Si puede, asocie también un olor particular a la imagen de la persona y a la breve secuencia del puesto de trabajo. En caso de que nunca haya visto a la persona, invente usted mismo una imagen.

PERSONAS, APELLIDOS Y CARGOS

Junto a la imagen que ha situado en la parte superior izquierda de la pantalla, justo a su derecha, forme una ventana tridimensional donde verá, en movimiento, a esa persona en su puesto de trabajo. Esta breve secuencia nos debe indicar tanto la empresa (busque algún elemento en la secuencia que se la pueda hacer recordar) como el cargo específico de la persona. No tema llevar demasiado lejos el aspecto caricaturesco, pues ¡hace que el recuerdo sea más vívido! Desde luego, puede integrar una breve secuencia inspirada en alguna visita que haya hecho a la empresa donde trabaja la persona que desea recordar o, a falta de estos recuerdos directos, puede imaginarse usted mismo a la persona en su puesto de trabajo. Un aspecto importante: ¡recuerde los galones para indicar los cargos directivos!

PERSONAS, APELLIDOS, CARGOS Y NÚMEROS

Junto a la segunda ventana, abra una tercera, donde verá de nuevo a la misma persona, que le contará, como se haría con un amigo, un sueño que ha tenido hace poco: es el momento de integrar el número de teléfono. Es importante hallar un vínculo muy estrecho entre la persona y el sueño: para ello, imagine bien a la persona y asóciela con algún elemento del sueño.

Veamos un ejemplo. Si el número de teléfono es 922733109, la secuencia será: «Verá —cuenta la Sra. X—, me encontraba en Tenerife y, desde lo alto de un acantilado, vi dos gaviotas que molestaban al Gordo y el Flaco, que, enfadados, trataban de espantarlas con una raqueta». Entonces la Sra. X se convierte en la señora del Gordo y el Flaco.

Lo mismo vale para el fax y otros números. Sin embargo, en este caso, ya no deberá imaginarse una historia vinculada a la persona aislada, sino una secuencia en movimiento de la persona en su puesto de trabajo. Por lo tanto, será usted quien deba imaginarse una historia que se desarrolle en ese ambiente; por ejemplo, unos dibujos animados transmitidos por un televisor situado en el despacho de la Sra. X.

Las citas

En la agenda multimedia habíamos situado las ventanas unos centímetros por debajo del borde superior de la pantalla: ahora debemos integrar la agenda propiamente dicha.

La agenda es diaria y funciona con la visualización de los relojes de distinta forma geométrica de que hemos hablado en la lección sobre la memorización de los números. Una franja horizontal refleja la imagen de los diversos relojes, con los horarios de las citas. Debajo de cada reloj, con la hora correspondiente a la cita, se halla el recuadro con la breve secuencia de la persona con la que debemos encontrarnos en el puesto de trabajo.

Si lo prefiere y si ya está familiarizado con esa persona, puede integrar sólo su imagen, sin la secuencia del lugar de trabajo.

Al principio es aconsejable limitarse sólo a una agenda diaria, hasta familiarizarse con el método; más adelante podrá organizar agendas semanales o mensuales.

Notas

Si necesita insertar alguna nota sobre la persona o la cita, puede añadir una ventana a la entrada de la persona con la que debe encontrarse que refleje una secuencia visual bien clara de lo que le interesa.

Como alternativa, puede visualizar, asociada a la imagen de la persona con la que se ha citado, una página de diario donde haya escrito sus notas en cursiva, con una buena pluma estilográfica y una espléndida caligrafía. Debe visualizar esta página de forma muy vívida, como si de verdad la tuviese ante la vista.

UNA SUGERENCIA

Si ha seguido con atención nuestro curso hasta ahora, debería ser capaz de utilizar este esquema, aunque todavía no lo haga perfectamente. También en este caso el secreto del éxito consiste en dedicar cada día un mínimo de 10 minutos a la memorización de la información básica de la agenda y en repasar mentalmente las distintas citas. Dedicando pocos minutos al día a este ejercicio, una vez que el esquema haya pasado a formar parte de su naturaleza, podrá integrar cientos de nombres, números de teléfono e información adicional, de forma natural y automática.

Ejercicio n.º 1. Integración en la agenda multimedia

Integre en su agenda interactiva la información correspondiente a la persona que se presenta a continuación; ejercítese durante un cuarto de hora, hasta que le parezca haber memorizado todos los datos, integrándolos en el esquema que le hemos propuesto. A continuación, dedíquese a otra cosa. Al cabo de 24 horas trate de recordar lo que ha memorizado, siempre utilizando el esquema como recipiente. Compruebe en particular si recuerda los números de teléfono y fax.

La Sra. Aguado, jefa de ingeniería de la empresa Sondeos S. A. de Valencia, es una mujer de unos 45 años, esbelta, de pelo rubio y corto, ojos azul claro y una hermosa sonrisa. Luce unos pendientes geométricos de oro muy modernos. Lleva siempre una bata blanca encima de jerséis de colores apagados, de lana en invierno y de algodón o lino en verano. La montura de sus gafas es de color blanco roto. Usa zapatos bajos, cómodos y modernos. No se pinta los labios. Utiliza un perfume seco, masculino, que recuerda vagamente al sándalo. Tiene un volumen de voz bastante bajo, con predominio de los tonos graves, que recuerda ligeramente unas olas grandes vistas con cámara lenta.

Trabaja en un despacho de forma rectangular, con dos grandes mesas llenas de documentos a la derecha y la izquierda de la entrada y un bonito escritorio de madera clara, de diseño moderno, justo enfrente de la puerta. A su espalda hay una gran ventana; como está orientada al este, la persiana permanece bajada buena parte de la mañana. A la izquierda del escritorio (desde el punto de vista del observador), en una pequeña vitrina, se exhiben algunas instalaciones de sondeo de último modelo.

Se trata de un personaje importante porque se encarga de valorar las ofertas de nuevos materiales especiales para las instalaciones. Le gusta mucho la música clásica, jugar al tenis y las nuevas tecnologías. No soporta a las personas demasiado insistentes y tiene un carácter esquivo, pero franco y cordial.

Su número de teléfono es el 34967144882 y el de fax, el 34967144331.

MEMORIZAR CONFERENCIAS Y TEXTOS ESCRITOS

Una actividad frecuente de quien trabaja en una empresa es la participación en encuentros, reuniones y seminarios, cursos de formación, convenciones y congresos, ocasiones importantes para hablar y escuchar, sobre todo si los temas son de gran relevancia. La famosa frase latina *rem tene, verba sequentur*, es decir, «conoce a fondo el concepto, las palabras seguirán», no significa, sin embargo, que sea suficiente con conocer un tema a fondo para ser también un buen orador; significa que, para ser un buen orador, hay que conocer a fondo aquello de lo que se quiere hablar. No olvidemos que quien se expresaba de esta forma era un profundo conocedor de la retórica y la oratoria.

La gran mayoría de las personas no ha tenido la posibilidad de seguir años de estudios de retórica, es más, hoy en día son raros los casos en que alguien conoce y utiliza aún estas antiguas técnicas. De lo contrario, sería relativamente fácil descomponer el discurso de un buen orador siguiendo las leyes de la retórica y averiguar con exactitud cuáles son sus intenciones y qué quiere decir.

A veces estos eventos no son convincentes, y nos llevan a interrogarnos sobre el verdadero sentido y significado de lo que se nos propone. En efecto, no debemos olvidar que no siempre lo que se presenta tiene como objetivo el declarado. Entonces hay que identificar las verdaderas motivaciones en que se basa el evento organizado. Se trata en realidad de la primera pregunta que debemos plantearnos, no necesariamente al comienzo de la presentación, sino durante su curso, para poder catalogar, memorizar y retener mejor lo que se nos comunica. La participación, activa o pasiva, en uno de estos eventos es el objeto de esta lección.

Cabe subrayar que, aunque la técnica por excelencia para recordar una conferencia es la descrita en la lección sobre la localización, pueden sugerirse otros métodos alternativos o complementarios, sobre todo para compilar y preparar la información que queremos comunicar.

CÓMO PREPARAR UNA PRESENTACIÓN

La preparación de una presentación gira en torno a algunos puntos fundamentales:

• objetivos de la presentación;
• oyentes;
• características del orador;
• tiempo y logística;
• equipos técnicos y soportes didácticos;
• posible debate;
• seguimiento (actividades que seguirán a la conferencia).

Estos siete puntos son la base sobre la que todo buen orador debe construir su presentación.

Descuidar uno solo de estos puntos no solamente puede perjudicar a la eficacia de la actividad, sino también contribuir al empeoramiento tanto de la memorización como de la recepción de lo que se quiere comunicar.

Nos detendremos en el primer aspecto porque de él depende el sentido mismo del evento.

OBJETIVOS DE LA PRESENTACIÓN

En ocasiones, después de escuchar a un orador que ha enunciado muchos conceptos y ha hablado durante largo rato, nos queda la impresión de que no ha dicho nada o de que no se ha hecho entender. Esto tal vez ocurre porque él mismo no tiene claro de verdad en su mente lo que quiere comunicar.

A este respecto, cabe distinguir dos tipos de oradores: el *intuitivo*, es decir, el que a veces tiene grandes ideas, o intuiciones, pero que por desgracia no logra expresarlas de forma coherente y comprensible, y el *cartesiano*, aquel que, en cambio, es capaz de seguir con precisión un hilo lógico y de resultar comprensible. Dentro de esta división se pueden hacer otras, en función de las capacidades retóricas y fabuladoras del orador.

Un orador intuitivo pero no cartesiano, que en su actividad diaria se basa también en esquemas de comportamiento bastante libres o difíciles de enmarcar, puede comunicar ideas aisladas muy valiosas, que, sin embargo, se pierden en la confusión general de la presentación.

Un orador cartesiano, al contrario, puede ser a veces menos genial, pero sin duda resulta más comprensible y eficaz.

La única ventaja del intuitivo es que, en caso de que el objetivo de la presentación sea el de no comunicar absolutamente nada, tiene mayores probabilidades de éxito, porque en la confusión de la presentación nunca se puede estar seguro de si el hecho de no entender se debe a la inadecuación del orador o a la limitada capacidad de comprensión del oyente.

Un orador cartesiano debe proceder necesariamente siguiendo la lógica, y es difícil convencer de esta forma sin tener verdaderos argumentos válidos (¡o por lo menos verosímiles!).

La primera pregunta que se debe plantear el orador es la siguiente: ¿qué me propongo con mi presentación? Podrían darse las siguientes respuestas:

1. Informar de forma aséptica.
2. Convencer a los oyentes de la validez de una tesis determinada.
3. Demostrar las propias cualidades y capacidades.
4. Contribuir a difundir cierto tipo de cultura empresarial.

Es frecuente que estos cuatro elementos estén presentes al mismo tiempo, por lo que resulta difícil distinguirlos con facilidad: la información en apariencia aséptica de una comunicación científica a los informadores de una empresa farmacéutica difícilmente podrá tener lugar sin que el orador se proponga también el objetivo de convencerles de la validez de una tesis (el producto, aunque sea más caro, tiene unas características innegables que lo hacen igual o mejor que el de la competencia), desde el punto de vista de la filosofía empresarial (por ejemplo, centrada en la particular atención prestada al servicio posventa), y también en el respeto de la reafirmación del principio de autoridad (el orador es el director que quiere reafirmar su liderazgo subrayando su habilidad en el análisis y la exposición).

Será tarea del oyente distinguir los cuatro componentes en la presentación, de forma que cree cuatro grandes compartimentos en los que integrar los datos que va presentando el orador, facilitando así la labor de memorización.

1. Informar de forma aséptica

Hay que preparar una lista ordenada de los datos técnicos que se desea comunicar, dividiendo el material en al menos tres categorías:

a) datos fundamentales;
b) datos de menor importancia;
c) datos de escasa relevancia, aunque de algún modo útiles.

Resultará útil colorear las partes de la presentación correspondientes a estos tres tipos de datos con colores distintos; por ejemplo, rojo para los primeros, verde para los segundos y azul para los terceros, o con los colores que mejor subrayen la importancia decreciente para cada uno de nosotros.

Así, cada vez que encontremos a lo largo del texto de la presentación un punto que se refiera a alguno de los datos de cada uno de los grupos, lo marcaremos con el color elegido, y nos permitirá asignarlo al nivel de importancia que hemos establecido.

Si, además, reflejamos los datos en una hoja aparte, divididos como se ha indicado, nos resultarán muy útiles, sobre todo en el debate.

Aunque nos hemos referido a datos de tipo científico, podría tratarse de datos de tipo económico, financiero o de *marketing*.

2. Convencer a los oyentes de la validez de una tesis determinada

Es el caso más frecuente, no sólo en las operaciones de venta, sino también en las de la denominada *venta interna* (desde el *merchandising*, difusión de información sobre las actividades con el objetivo de mejorar profesionalmente, hasta las transformaciones culturales impuestas cada vez más desde arriba en las empresas que se deben adaptar a diferentes condiciones de mercado). En este caso, hay que estudiar con atención al auditorio potencial para averiguar cómo estructurar la presentación.

Puede resultar útil hacer referencia a las reglas clásicas de la comunicación publicitaria, oportunamente modificadas según la situación. Recordemos que un mensaje publicitario debe ser capaz de:

1. Atraer la atención *(stopping power).*
2. Transmitir una información *(teaching ability).*
3. Hacer que se relacione un mensaje (el producto) con una marca muy concreta *(brand).*

En una presentación estas capacidades se pueden traducir en:

1. Datos, información y exposición capaces de atraer el interés de los oyentes.

2. Estructura fácil de comprender, lógica, demostrativa de la presentación.

3. Constante vinculación al concepto básico que se trata de transmitir.

Para alcanzar el objetivo podemos seguir el siguiente proceso:

a) Prepararemos los datos y los correspondientes puntos de la presentación tal como se ha indicado en el apartado anterior.

b) Estudiaremos a nuestros oyentes e identificaremos los puntos clave de sus convicciones, esperanzas y ambiciones. Anotaremos el resultado de esta investigación en forma de lista de palabras significativas.

c) Elaboraremos una lista de frases, términos y argumentos completos, en línea con los elementos indicados en el punto *b)* y que nos sea posible utilizar durante la presentación.

d) Identificaremos los puntos clave de la filosofía empresarial, subrayando los aspectos positivos de los mismos.

e) Señalaremos, entre nuestros argumentos, aquellos que mejor correspondan a lo identificado en los puntos *b)* y *c)*, y coordinaremos lo obtenido con lo admitido por el punto *d)*.

f) Buscaremos el registro oratorio adecuado para nuestra presentación.

3. DEMOSTRAR LAS PROPIAS CUALIDADES Y CAPACIDADES

Por supuesto, no se trata de un acto de vanagloria, sino de una forma de valorar el esfuerzo propio y el de todos los que han colaborado en el proyecto. En general, no hace falta subrayar estos aspectos, porque surgen de forma automática durante la presentación. En cualquier caso, son esenciales la inteligencia de la exposición, la humildad (sincera) de la actitud, el deseo de compartir con los demás los méritos, la presentación de los resultados obtenidos y alguna referencia a la originalidad de la actuación.

4. CONTRIBUIR A DIFUNDIR CIERTO TIPO DE CULTURA EMPRESARIAL

Basta con hacer referencia a los seis puntos indicados anteriormente (en el apartado «2. Convencer a los oyentes de la validez de una tesis determinada»), subrayando más los aspectos relativos a la cultura empresarial. Conviene conocer a fondo la filosofía de la propia empresa y su evolución a lo largo del tiempo, así como la filosofía empresarial de la competencia.

POR PARTE DEL OYENTE:
¿CÓMO RECORDAR LA CONFERENCIA?

Ahora que sabemos cómo crear estructuras, edificios y recipientes, no debería resultarnos difícil imaginar una estructura sencilla para integrar los cuatro aspectos mencionados.

Imaginemos que nos hallamos en una hermosa casa, y que esta tiene una gran sala, dividida en cuatro ambientes. A la izquierda hay un rincón para la conversación, con butacas, un sofá, una mesa baja, bonitos cuadros en la pared situada justo a la izquierda de la entrada y una ventana en la pared contigua a esta. A la derecha se halla el rincón de lectura, con dos sillones más sobrios y una gran librería mural llena de libros, ordenados según áreas temáticas. En el sector situado frente a nosotros, hacia la derecha, justo después de la biblioteca, hay una zona dedicada a la comunicación: televisión, equipo estéreo y proyector de vídeo con diversos elementos técnicos. En el sector situado frente a nosotros, hacia la izquierda, después del rincón de conversación, hay una zona de música con una tarima y un piano. Esta simple estructura corresponde a los cuatro aspectos de la presentación:

1. Informar de forma aséptica → biblioteca, con los estantes de la librería en los que ordenar los datos técnicos.
2. Convencer a los oyentes de la validez de una tesis determinada → rincón de conversación.
3. Demostrar las propias cualidades y capacidades → rincón de música.
4. Contribuir a difundir cierto tipo de cultura empresarial → rincón de conversación.

A medida que avance la presentación, colocaremos dentro de los rincones los diversos elementos que podamos identificar, teniendo la precaución de hacerlo en un orden concreto o simplemente relacionados con los objetos presentes asociables a los temas tratados.

Una consideración importante: para utilizar de forma provechosa este método, es imprescindible ejercitarse mucho tiempo con cada ambiente y con los objetos que contienen; primero con uno, luego con dos, con tres y, por último, con cuatro (o más, si es necesario); de lo contrario, se corre el riesgo de no lograr la convivencia de varios ambientes al mismo tiempo. Como alternativa, siempre tenemos la posibilidad de integrar los diversos elementos de la conferencia en una de nuestras habituales estructuras arquitectónicas, partiendo de la entrada y siguiendo el recorrido, ¡para mantener la linealidad de la estructura de la presentación!

UN DIAGRAMA PARA RECORDAR

Presentamos un segundo sistema igual de válido para memorizar los contenidos de una conferencia por parte del oyente. Preparémonos para desarrollar lo que podríamos denominar un *esquema de interpretación*, una tabla que nos permitirá colocar en el lugar adecuado lo que diga el orador.

La forma de trabajar con esta tabla es similar al funcionamiento de una vieja máquina de escribir china, donde cada ideograma es seleccionado desplazando sobre un gran armazón lleno de cientos de ideogramas una especie de tablilla mecánica con una ventanilla que los encuadra. Podríamos comparar el mecanismo con la introducción de un ítem, previamente seleccionado, en uno de los numerosos directorios presentes en el monitor del ordenador.

Se trata de un esquema muy sencillo, intuitivo y utilizado por muchos que se puede preparar en el momento, o memorizar.

El primer recuadro de arriba a la izquierda indica la división en partes en que está estructurada la presentación; cada parte se distingue con un número que indica la sucesión temporal; por ejemplo:

1. introducción y presentación del orador;
2. descripción de la situación de mercado;
3. problema presentado (o tema principal);
4. soluciones propuestas (u otros elementos importantes del tema principal);
5. conclusiones;
6. debate.

En la parte inferior, estructuraremos un diagrama compuesto de varios rectángulos, cada uno de los cuales lleva el número de la parte fundamental correspondiente, seguido de letras que indican las subcategorías, en que integraremos los datos que se vayan comunicando.

Si el informe que debemos recordar es de tipo técnico o científico, en otro recuadro situado en la parte superior derecha indicaremos de forma más detallada, a medida que se presenten, los datos técnicos en cuestión, haciendo referencia a las letras correspondientes del rectángulo (por ejemplo: 2c, que indica el rectángulo 2, en referencia al punto fundamental «descripción de la situación de mercado», y el punto c, que alude, por ejemplo, a la situación de la competencia en un país determinado).

El uso de un esquema así es útil de por sí, porque permite transcribir con precisión lo que es presentado, pero el objetivo final es distinto: al utilizar este esquema con cierta frecuencia, habituaremos a nuestra mente a buscar expresamente los diversos elementos de la presentación que se integran en los recuadros, cosa que nos permitirá recordar con facilidad el contenido de una presentación o conferencia.

EJERCICIO N.º 1. UNA NUEVA ESTRATEGIA DE *MARKETING*

Escuche el fragmento sobre el *briefing* empresarial «Una nueva estrategia de *marketing*», reproducido en el CD (también lo puede encontrar en el apéndice, en la pág. 113); a continuación, utilizando los dos métodos, recuerde los puntos destacados de las palabras del director de *marketing*.

EJERCICIO N.º 2. LA VIDA DEL MAGNATE JAMES STONE

Escuche en el CD la conferencia sobre la vida del magnate James Stone (personaje ficticio), tratando de integrar en los esquemas que le hemos propuesto los puntos fundamentales del texto (también se reproduce en el apéndice, en la pág. 115).

EJERCICIO N.º 3. VIAJE DE TRABAJO A MARRUECOS

Escuche en el CD la conferencia del Sr. Beascoa sobre el viaje de trabajo realizado a Marruecos (puede encontrar una transcripción en el apéndice, en la pág. 117). Identifique los puntos destacados de su presentación.

MEMORIZAR ARTÍCULOS Y TEXTOS ESCRITOS

En las universidades estadounidenses los textos escritos suelen dividirse en tres grupos:

• textos de baja densidad (novelas, relatos, narraciones);
• textos de densidad media (los típicos de las ciencias sociales);
• textos de alta densidad (los característicos de las ciencias en general, en particular de la física y las matemáticas).

En 1972 dos investigadores norteamericanos, Thomas y Robinson, elaboraron un plan para aprender textos de densidad media. El método, bautizado con el acrónimo PQ4R, por las iniciales de las operaciones que se debían efectuar, dio resultados que en parte fueron verificados. Se puede hallar una explicación muy clara del plan PQ4R en la obra *Psicologia Sperimentale*, de G. B. Vicario, de la Facultad de Psicología de la Universidad de Padua:

El nombre del método PQ4R recuerda que al aplicar este plan de estudio es necesario:

1. Preview, *es decir, leer de forma preliminar el capítulo para determinar los principales temas tratados, identificar las secciones de que se compone y examinar las figuras y los gráficos. Las cuatro fases siguientes deberán aplicarse a cada sección identificada en esta etapa de lectura preliminar.*
2. Questions: *plantearse las preguntas inherentes a cada sección. A menudo es posible hacerlo transformando el título del apartado en otras tantas preguntas. Por ejemplo, el apartado «Efectos de posición serial» podría dar origen a «¿Cuáles son los efectos de posición serial? ¿Cómo se explican dichos efectos?».*
3. Read: *leer la sección con atención, tratando de responder las preguntas previamente formuladas.*
4. Reflect: *reflexionar sobre lo que se está leyendo, entender su significado, buscar ejemplos, poner en relación lo nuevo que contiene el texto con los conocimientos que ya se poseían.*
5. Recite: *al final de una sección, tratar de recordar la información que contiene y responder las preguntas formuladas, repitiendo lo que se ha leído sin mirar el texto. Si no se recuerda lo suficiente, releer las partes en que se han encontrado dificultades de evocación.*
6. Review: *al final del capítulo, repasarlo en su conjunto y recordar los principales conceptos expresados.*

La eficacia del método PQ4R se basa en la aplicación ordenada y metódica de una serie de principios que favorecen la memorización, el primero de los cuales es la organización. La lectura preliminar, primera fase del método, tiene la función tanto de hacer consciente al estudiante de la organización efectiva del texto [...] como de permitirle activar los conocimientos ya poseídos que constituyen la estructura dentro de la cual se debe integrar el contenido del texto.[26]

26. G. B. Vicario, *op. cit.*

Ejercicio n.º 4. El esquema PQ4R

Aplique el esquema de aprendizaje PQ4R al estudio del fragmento siguiente. El texto es un viejo conocido, al que sólo se han añadido los títulos de los apartados.
Recuerde seguir escrupulosamente las seis fases.

Un pionero de la etología
A principios del siglo xx Köhler llevó a cabo estudios sobre la inteligencia de los monos. Los resultados de sus observaciones, realizadas en un centro de estudio de primates en la isla de Tenerife entre 1912 y 1916, se publicaron en una obra fundamental para la comprensión del comportamiento animal, que marca también el nacimiento de la escuela de la psicología de la forma. En la obra, titulada La inteligencia de los chimpancés, el autor afronta el problema de la inteligencia: ¿es posible afirmar que los chimpancés están dotados de un comportamiento inteligente? La pregunta surge de forma espontánea al observar a estos animales en su vida cotidiana, durante la cual muestran numerosos comportamientos similares a los humanos que podrían calificarse como inteligentes. Para poder responder la pregunta, es necesario definir antes qué es un comportamiento inteligente, ya que no todos los comportamientos en apariencia inteligentes lo son de verdad.

El comportamiento inteligente
Köhler sostiene que, para poder ser calificado como tal, un comportamiento no ha de ser inmediato e instintivo, sino que requiere por parte del animal una respuesta nueva y creativa a una situación no experimentada previamente. Los experimentos realizados se plantean de forma que «la vía directa hacia el objetivo no es practicable; sin embargo, se deja abierta una vía indirecta. El animal es puesto en una situación de este tipo, de la que debe tener, en lo posible, una percepción de conjunto; puede entonces mostrar qué formas de comportamiento es capaz de mantener, y, en particular, si está en condiciones de resolver el problema a través de la vía indirecta que se le ofrece».27

Los chimpancés están dotados de comportamiento inteligente
Los numerosos experimentos efectuados por Köhler, basados en este sistema llamado de rodeo, le llevan a concluir que los chimpancés están efectivamente dotados de comportamiento inteligente, aunque las acciones realizadas no sean siempre idénticas a las que realizaría el ser humano. Uno de los motivos de las diferencias entre mono y ser humano debe buscarse en la forma distinta en que las dos especies reaccionan a la hora de reorganizar las percepciones visuales: lo que a un ser humano

27. W. Köhler, *op. cit.*

puede parecerle evidente e inmediato puede no serlo para el mono, que distingue algunos detalles como independientes mientras que otros, que continúan siéndolo para el ser humano, los interpreta como parte de un conjunto único y compacto.

El motor de discriminación es la organización perceptiva

No debe olvidarse que Köhler ve en la organización perceptiva uno de los puntos fundamentales del proceso psicológico: la intuición, por ejemplo, surge cuando las percepciones visuales reciben una nueva reorganización determinada por el efecto del todo sobre cada una de las partes (el llamado fenómeno de cierre, por el que ya no vemos sólo puntos aislados dispuestos de forma circular, sino una figura circular formada por su conexión). Como subraya Guido Petter en la introducción a la edición italiana de la obra de Köhler, el eje central de toda la psicología de la forma es la convicción de que «las propiedades funcionales de los elementos que componen un conjunto están subordinadas a las características de la estructura global de la que forman parte».28

¿Un comportamiento ritual de los chimpancés?

Una de las preguntas que podríamos formular es la siguiente: ¿qué es lo que nos permite extender estas observaciones al comportamiento del ser humano? Lo cierto es que los chimpancés no son seres humanos, y lo que resulta válido para ellos no tiene por qué serlo también para nosotros. Acude en nuestra ayuda un texto de Köhler, el artículo titulado «Notas sobre la psicología de los chimpancés», publicado en 1922 en la revista Psychologische Forschung I. Köhler presenta un comportamiento de los chimpancés muy ritualizado, que confirma la existencia de grandes afinidades entre el ser humano y este animal.

28. W. Köhler, *op. cit.*

CONCENTRACIÓN, MOTIVACIÓN Y USO DEL TIEMPO

Lección X

Trataremos ahora un tema a veces descuidado por los manuales sobre mnemotécnica: las mejores condiciones para aprender y memorizar. El primer punto que debemos desarrollar es el de la concentración; seguirán luego otros aspectos importantes, como la motivación y el uso del tiempo.

CONCENTRARSE GRACIAS A LA POSTURA ADECUADA Y LA RESPIRACIÓN

Algunas personas son capaces de concentrarse hasta el punto de distanciarse por completo del ambiente circundante, obteniendo resultados notables: leer en la discoteca, a pesar de la música ensordecedora, escribir a un bar ruidoso, estudiar un idioma difícil después de cenar sentados a la mesa de un restaurante lleno de gente, etc. Se trata de casos menos raros de lo que se podría creer: piense, por ejemplo, en cuántas personas por la mañana, de camino al trabajo, sentadas en el tren, el tranvía o el vagón del metro, leen concentradas el periódico o un libro, a pesar del ruido y el gentío. Del mismo modo, en ocasiones todos nos concentramos tanto mirando una película que perdemos por completo el contacto con el ambiente circundante. Debemos aprender a conseguir ese nivel de concentración, y para ello hay que ejercitar tanto el cuerpo como la mente. Esta última, por sí sola, no es capaz de conseguir niveles de concentración superiores a cierto límite, mientras que el uso del cuerpo puede ayudar a sobrepasar dicho límite.

Hemos de aprender a controlar dos aspectos importantes de nuestro organismo: la respiración y la postura. El ejercicio físico que proponemos es el que practican normalmente los monjes budistas, o cualquier seguidor del budismo zen, y se trata de una forma de meditación que se efectúa en posición sentada. A decir verdad, habría que cruzar las piernas en la postura del loto (piernas dobladas y cruzadas una sobre la otra), pero, dado que se trata de una posición poco habitual en Occidente, podemos optar simplemente por sentarnos en una silla cómoda, rígida y sin tapizar. Llevando la pelvis hacia atrás y hacia arriba, y con la espalda bien recta y apoyada en el respaldo de la silla, mantendremos el cuello bastante rígido, impulsando la barbilla hacia abajo, y miraremos aproximadamente a 1 m de distancia, hacia un punto situado a unos 45°. Es oportuno efectuar este ejercicio en un ambiente tranquilo, lejos de cualquier molestia, a ser posible mirando una pared sin cuadros ni otros adornos.

Ahora debemos proceder a respirar correctamente. No se trata de la típica respiración de pecho, sino abdominal: mantendremos la parte alta del tronco casi inmóvil y pondremos en movimiento sólo la zona abdominal. Si no está acostumbrado a este tipo de respiración, las primeras veces puede ayudarse con las manos, comprimiendo la región abdominal durante la fase de espiración. La respiración ha de ser muy lenta, prolongada, suave; si resulta sincopada, como perturbada por accesos de tos, significa que está muy tenso y nervioso. No se preocupe, concéntrese sólo en la postura y la respiración.

Es probable que en cuanto haya encontrado un buen equilibrio entre postura y respiración, comiencen a emerger pensamientos, temores y preocupaciones. Es normal; no les preste atención y concéntrese de nuevo en la postura y la respiración. Los pensamientos llegan y luego se van, como hojas sobre el agua de un arroyo: acostúmbrese a no concentrarse en ellos y déjelos correr, manteniéndose indiferente.

Según el pensamiento zen, dado que la mente no es capaz de resolver sus problemas por sí sola (un círculo no puede ser circunscrito dentro de otro de igual diámetro), pide ayuda al cuerpo, que la auxilia con la postura y la respiración. Con el tiempo este ejercicio le permitirá prestar cada vez menos atención a cualquier tipo de distracción, no sólo procedente de su mente, sino también del exterior, desarrollando una notable capacidad de concentración.

Podrá utilizar esta técnica cada vez que necesite recuperar la calma y concentrarse, tanto en el trabajo como en el tiempo libre. Bastan pocos minutos para obtener beneficios.

SABER MOTIVARSE

En el transcurso de una entrevista realizada a un directivo de éxito quisimos saber cuál era el secreto de sus asombrosos resultados. Nos respondió lo siguiente:

Verá, cuando se trabaja junto a otras personas, lo que marca la diferencia es la motivación, tanto de los individuos como de todo el equipo. No exagero al afirmar que la motivación es responsable del 80% del éxito obtenido por mi equipo. Por otro lado, también la definición de directivo está vinculada a esta cuestión: ¡el directivo no es el que manda, sino el que gestiona la motivación!

La importancia de la motivación no puede subestimarse. Podemos observarlo en la vida cotidiana: ¿cómo es que cuando nuestros hijos deben despertarse por la mañana temprano para repasar las lecciones no se levantarían nunca de la cama, mientras que si el madrugón es para ir de acampada con sus amigos están en pie una hora antes de lo previsto? ¿Y por qué quien tiene dificultades para estudiar una lengua extranjera obtiene resultados asombrosos si la estudia para comunicarse con la persona amada? La respuesta es siempre la misma: la motivación.

Alguien podría objetar que hay situaciones en las que es imposible sentirse motivado, en particular si se trata de actividades aburridas, pesadas y sin interés.

Sin embargo, también en estos casos es posible hallar algún elemento de motivación: ¡basta con saber buscarlo! Años atrás, durante el desarrollo de un curso en una empresa, ante la imposibilidad de hallar cualquier motivación para los empleados, que vivían una situación laboral difícil, el formador consiguió hacer sonreír a todo el mundo con la siguiente conclusión: «En fin, por muy mal que vaya, siempre podrían considerar la semana laboral como una pequeña y aburrida pausa entre dos espléndidos fines de semana».

Desde el punto de vista de la memorización y el aprendizaje, la motivación no parece ser un instrumento para mejorarlos. Numerosos estudios realizados por psicólogos han demostrado que la motivación, de por sí, no mejora de forma significativa el resultado final del aprendizaje. Grupos de jóvenes motivados para aprender una materia y grupos de jóvenes desganados, no demasiado interesados en la materia enseñada, no obtuvieron resultados de memorización y aprendizaje muy distintos en condiciones experimentales idénticas (debiendo respetar un tiempo determinado para el estudio).

Sin embargo, al prescindir de la dimensión temporal (sin imponer un tiempo rígido que deba respetarse para la memorización y el aprendizaje), los jóvenes motivados obtuvieron al cabo de varios días resultados muy superiores a los de los no motivados. La razón fue que la motivación modificó la cantidad de tiempo dedicada al aprendizaje: los jóvenes motivados habían dedicado mucho más tiempo al estudio que los no motivados. Por lo tanto, la motivación influye en la voluntad del individuo de dedicar más tiempo a un proyecto concreto. Así, según la relación lineal tiempo dedicado/información aprendida que hemos tratado antes, al duplicar el tiempo dedicado podríamos duplicar también la cantidad de datos aprendidos.

UNA HISTORIA REAL

Un caso estudiado recientemente es el de un joven que, tras perder su puesto de trabajo por el cierre de la empresa, descubrió que su formación, su preparación y sus características eran justo las exigidas por una empresa extranjera. Decidido a conseguir ese puesto, se dedicó de forma casi obsesiva a mejorar el conocimiento de la lengua de ese país y, aplicando varias técnicas de concentración, meditación y verificación, consiguió resultados asombrosos. En poco tiempo, gracias a las técnicas descritas en nuestro curso, mejoró hasta tal punto el conocimiento del idioma que pudo realizar una parte de la entrevista en el idioma exigido por el anuncio y la otra en el específico del país, suscitando admiración e interés.

APROVECHAR EL TIEMPO DISPONIBLE

Por término medio, una persona que trabaja pasa durante la jornada laboral por unos periodos «muertos» (sin actividad productiva), que van de una a tres horas, sin contar la pausa para el almuerzo y las del café. En estos periodos se incluyen los trayectos desde casa hasta el puesto de trabajo, los desplazamientos durante la jornada y las esperas en oficinas, bancos y tiendas. Una sola hora al día durante cinco días significan 5 horas a la semana y, aproximadamente, 20 horas al mes de tiempo no utilizado con fines productivos; si consideramos tres horas al día, llegamos entonces a unas 60 horas al mes de tiempo no aprovechado... ¡Una cantidad enorme! ¿Por qué no utilizar ese tiempo para memorizar y aprender? Se trata a menudo de breves intervalos que pueden aprovecharse muy bien tanto para el aprendizaje de nuevas nociones como para la revisión de cosas que hemos memorizado. Según su capacidad de concentración y su motivación, podrá usar estas horas de más para una nueva memorización (capacidad máxima), para una revisión (capacidad mínima) o para ambas cosas.

No obstante, para aprovechar al máximo esta oportunidad, debe disponer de los instrumentos adecuados. Imaginemos que su objetivo es estudiar o repasar una lengua extranjera, o memorizar material para una conferencia o una presentación, y que la mayor parte del tiempo no aprovechado es el que transcurre esperando y usando los medios de transporte público o en largas colas en las oficinas. Veamos cómo podría organizarse, con uno o varios de estos sencillos objetos:

• una simple hoja de papel, que contenga en una cara la lista de los términos que desea aprender o repasar y en la otra un texto que recoja esos términos. Doblada, puede guardar fácilmente esta hoja en un bolsillo o en la cartera;
• un pequeño bloc en el que haya anotado lo que quiere memorizar o repasar;
• la grabación de un texto efectuada por usted mismo (una conferencia, datos que debe recordar, artículos de revistas importantes que ha de conocer...) o por otros (una conferencia, textos en lenguas extranjeras...). En este caso, si tiene un *smartphone*,[29] una PDA adecuada o un pequeño lector portátil, podría serle útil transformar el archivo a MP3, a fin de llevarlo siempre consigo;
• su presentación en PowerPoint u otro programa informático, informes completos, datos financieros, etc., si dispone de una PDA o un *smartphone* con la posibilidad de visualizar archivos en diversos formatos.

Si suele llevar un bolso, todo resulta más sencillo, porque podrá llevar también otro material (el propio libro del curso de idiomas, el texto del informe, etc.).

Muchas personas utilizan de forma ocasional el tiempo no productivo con este fin, pero los resultados son mejores si se actúa de forma programada, destinando sistemáticamente estos espacios de tiempo no productivo a memorizar y repasar.

Consideremos, por ejemplo, una situación típica, el desplazamiento en metro hasta el lugar de trabajo; desplazamiento de casa al puesto de trabajo: 25 minutos × 2 = 50 minutos, más 10 minutos de espera por término medio; en total, 60 minutos. Revisión de los términos en lengua extranjera: cada día, durante la ida en metro al trabajo; repaso de ejercicios: cada día, durante la vuelta en metro a casa. De esta forma habrá ganado una hora al día más o menos, que no deberá sustraer de su tiempo libre habitual.

---

29. Teléfono móvil de última generación con funciones de PDA.

CONCLUSIÓN

Hemos llegado ya al término de este curso. Como habrá podido observar, el objetivo que nos habíamos planteado, mejorar la memorización, el aprendizaje y el recuerdo, puede alcanzarse afrontando el problema de la memoria de forma global.

Recordemos lo que escribimos al principio, es decir, que en la actualidad no es posible (tal vez lo sea en el futuro) conseguir una mejora de nuestras capacidades mnemónicas actuando en la memoria propiamente dicha: nuestras células son lo que son y, sobre todo a medida que cumplimos años, debemos contar con algún descenso de nuestro rendimiento.

Hemos propuesto un método que trata de potenciar todo lo que puede potenciarse, sobre todo desde el punto de vista de las percepciones y la forma de pensar, para obtener un efecto de apoyo capaz de compensar y mejorar el rendimiento de nuestra mente. Los ejercicios, en la mayoría de los casos, no tienen otra pretensión que ayudarle a mejorar la atención, la concentración, la capacidad de percibir de forma más rica y de agrupar la información de modo distinto. La psicología nos ha ayudado a entender cómo funcionan la percepción, la mente y los mecanismos que forman el proceso del recuerdo y del olvido.

Las técnicas de memorización, algunas nuevas, otras muy antiguas, han proporcionado sólo algunas sugerencias a su fantasía, que, junto con el razonamiento y la experiencia, le permitirá crear sistemas de memorización nuevos y más adecuados a su persona.

Le sugerimos que se acostumbre a leer artículos o textos especializados (relacionados con su profesión) y que proceda a una comprobación del contenido de los capítulos leídos durante los periodos no productivos de la jornada (mientras espera el metro, viaja en tren o en avión, etc.).

Memorice el material utilizando las diversas técnicas que hemos presentado; busque entre estas la más adecuada para usted. Lo importante es escoger un método y luego aplicarlo con frecuencia hasta integrarlo en su propia naturaleza. La bibliografía incluye algunos textos fundamentales que abordan sobre todo los aspectos científicos y psicológicos vinculados a este tema.

MOTIVOS VÁLIDOS PARA NO MEMORIZAR

Realizamos a continuación tres consideraciones que podrán resultarle útiles en el futuro. No se extrañe de que no siempre sea conveniente memorizar: ¡esto no contradice lo que hemos presentado hasta ahora! Simplemente, debemos evaluar con atención las consecuencias de la memorización.

• Recordar conlleva un esfuerzo considerable: a veces puede ser más útil decidir no recordar y confiar el recuerdo a la memoria escrita o a las grabaciones. A usted le corresponde distinguir entre qué le conviene memorizar y qué no.

• No resulta útil memorizarlo todo: somos seres pensantes, no memorias magnéticas. De lo contrario, nos arriesgaríamos a llenarnos hasta tal punto que dejaríamos de pensar, transformándonos, entonces sí, en memorias magnéticas. No olvidemos que el pobre Šereševskij, tal vez el máximo mnemonista de la historia, estaba tan repleto de información que a veces le costaba entender el sentido global de una sencilla frase... ¡Durante años su mayor deseo fue lograr olvidar!

• No es importante saber mucho: lo que interesa es aprender a captar los nexos y las relaciones entre las cosas. Desde este punto de vista, es más útil saber agrupar de forma distinta que tener muchas cosas en la memoria, pero seguir razonando siempre de la misma forma.

RESUMEN DE NUESTRO MÉTODO

1. Transmitir conocimientos útiles, procedentes de la psicología, sobre cómo funcionan nuestra mente y nuestra memoria. Una toma de conciencia de estos fenómenos permite pasar con mayor facilidad al punto 2.
2. Utilizar las leyes identificadas por la psicología para mejorar la forma de percibir, reorganizar la información y pensar.
3. Presentar técnicas de memorización.
4. Proponer ejercicios que ayuden a aprender lo enseñado.

APÉNDICE

APPENDICE

BRAINSTORMING

El problema es serio: desde hace tiempo en una pequeña clínica privada las cosas no van bien. Los costes han aumentado y los clientes dis-
minuyen cada vez más. La competencia de una nueva clínica recién
abierta parece ser la causa principal, pero no todo el mundo está de
acuerdo.

Participan en el *brainstorming* cinco médicos (los doctores Ángeles,
Faura, Murillo, Cruz y Santos), un secretario (Sr. Fajardo), un enferme-
ro (Sr. Caspe), un empleado de los servicios administrativos (Sr. Gómez) y un publicitario enviado por la agencia que se ocupa de la imagen
de la clínica en la prensa (Sr. Esteve).

Esteve: Bueno, nos reunimos hoy para afrontar los problemas de la
clínica y tratar de hallar soluciones creativas y alternativas.
Les agradezco que me hayan encargado dirigir este *brainstorming*: estoy seguro de que, con la ayuda de todos, al final
de la reunión habremos logrado respuestas muy útiles. Como
saben, a veces en nuestro fuero interno conocemos qué es lo
que no funciona, pero por algún motivo permanece encerra-
do en lo más hondo de nuestra mente. Con el *brainstorming*
trataremos de liberar lo que sabemos y de sacarlo a flote, o
bien de encontrar algo nuevo basándonos en nuestra intuición.

Faura: Esteve, le agradezco que nos eche una mano en esta situación, pero le recuerdo que llevamos meses comentando los
problemas y le confieso que, por desgracia, no se nos ocurre
nada. Parece que no hay soluciones: la gente se va, los costes son cada vez mayores y no hallamos soluciones.

Esteve: Sí, lo sé, me lo ha dicho varias veces, pero tal vez no encuentren la solución porque miran hacia el lado equivocado... Cuando estamos convencidos de que el camino por recorrer es sólo ese, difícilmente se nos ocurre cambiar de dirección. ¿Cuál es el problema? Que la gente acude cada vez menos a esta clínica. ¿Por qué? Usted dice que porque una nueva clínica, que tiene precios mejores y aparatos más modernos, les hace la competencia. Entonces, tratemos de invertir el problema: imaginemos que su clínica funciona a la perfección. Tienen muchos clientes, los costes son bajos y los resultados son inmejorables. La pregunta que nos planteamos es esta: ¿por qué va todo tan bien? ¡Cada uno de ustedes puede contribuir libremente, diciendo cualquier cosa que se le ocurra!

Cruz: Bueno, si las cosas van bien es porque de alguna forma somos más interesantes que otras clínicas...
Tenemos servicios más modernos, menos caros y más eficientes.

Gómez: Tal vez porque logramos comprar algunos productos a precios más competitivos, o bien porque ofrecemos mejores condiciones de pago...

Caspe: Pero creo que si somos más eficientes se debe también a que logramos llevar mejor la carga de trabajo: más gente en menos tiempo. Siempre hay tiempos muertos en la gestión de las personas, y esto conlleva largas esperas y fatigosos desplazamientos: más de un paciente y muchos familiares se han quejado de esta situación.

Esteve: ¿Por qué existen esos tiempos muertos?

Caspe: Verá, cuando llegan los pacientes, tienen que pasar primero por secretaría y dejar sus datos, y luego sentarse en una sala de la planta baja a esperar el turno de la llamada y a que vaya alguien a recogerlos y los acompañe luego hasta el departamento asignado. Se pierde mucho tiempo.

Esteve: Imaginemos que ya no hay tiempos muertos y que todo funciona a la perfección. ¿Qué puede haber pasado?

Murillo: Que los pacientes ya no tienen que hacer cola en secretaría ni deben permanecer en la sala de espera. Que se encuentran ya prácticamente en el departamento. Que no tienen que esperar a que alguien les acompañe...

Fajardo: Pero ¿cómo sería posible no hacerles pasar por secretaría, no hacerles esperar y no acompañarles? Tal vez, sólo si ya supieran adónde ir... De esa forma podrían llegar directamente al departamento.

Esteve: ¿Cómo podrían saber adónde ir?

Ángeles: Deberían recibir esa información antes de llegar a la clínica, y luego tendrían que encontrar aquí algo o a alguien que les pudiera orientar. ¡Ah, ya sé!: por ejemplo, en la fase de reserva, cuando telefonean, les podríamos decir ya adónde tendrán que ir. Pero el problema es que luego, cuando llegan aquí, se les tiene que acompañar de todas formas hasta su destino...

Esteve: Sin embargo, como en nuestra actual ficción todo va bien, significa que se desplazan con facilidad por la clínica. ¿Cómo es posible?

Caspe: Si se desplazan con facilidad por la clínica, significa que hay un sistema de indicaciones fácil de entender incluso para personas muy mayores o discapacitadas...

Santos: Eso, ahora pintemos la clínica de colores chillones y pongamos carteles enormes por todas partes... ¡Así se aumenta la confusión, no se reduce!

Fajardo: ¡Justo! ¡Los colores! Aquí todo es terriblemente gris y aséptico: es todo igual y la gente nunca sabe dónde se encuentra... Si hallan con facilidad el camino, es porque todo es fácil de entender, intuitivo. Los departamentos se distinguen con colores diferentes y... no sé, unas rayas del mismo color en el suelo y en las paredes: ¡así la gente puede desplazarse sola y no necesita pedir información!

Gómez: ¡Y durante la reserva se les dice que tendrán que seguir, por ejemplo, el color rojo, o el azul para ir a los distintos departamentos!

Esteve: Me parece entender que hemos dado un primer paso adelante, por lo menos en dirección a la solución de uno de los problemas que perturba a la gente y que frena la actividad. Les propongo ahora una breve pausa: ¿seguimos dentro de 10 minutos?

EJERCICIO PARA LA MEMORIA AUDITIVA

A

1. Me he encontrado a tu hermana María.
2. Me he encontrado a tu hermana María en la calle.
3. Me he encontrado a tu hermana María en la calle, con un carrito grande.
4. Me he encontrado a tu hermana María en la calle, con un carrito grande para la compra.
5. Me he encontrado a tu hermana María en la calle, con un carrito grande para la compra, hablando.
6. Me he encontrado a tu hermana María en la calle, con un carrito grande para la compra, hablando con una mujer.
7. Me he encontrado a tu hermana María en la calle, con un carrito grande para la compra, hablando con una mujer, la hija del peluquero.
8. Me he encontrado a tu hermana María en la calle, con un carrito grande para la compra, hablando con una mujer, la hija del peluquero, de la subida de los precios.
9. Me he encontrado a tu hermana María en la calle, con un carrito grande para la compra, hablando con una mujer, la hija del peluquero, de la subida de los precios del nuevo supermercado.
10. Me he encontrado a tu hermana María en la calle, con un carrito grande para la compra, hablando con una mujer, la hija del peluquero, de la subida de los precios del nuevo supermercado, desde que han cambiado de dirección.

B

1. Ha telefoneado el portero.
2. Ha telefoneado el portero de la puerta de al lado.
3. Ha telefoneado el portero de la puerta de al lado desde una cabina.
4. Ha telefoneado el portero de la puerta de al lado desde una cabina pública cercana.
5. Ha telefoneado el portero de la puerta de al lado desde una cabina pública cercana para hablar contigo.
6. Ha telefoneado el portero de la puerta de al lado desde una cabina pública cercana para hablar contigo de la avería telefónica.

7. Ha telefoneado el portero de la puerta de al lado desde una cabina pública cercana para hablar contigo de la avería telefónica de nuestro edificio.

8. Ha telefoneado el portero de la puerta de al lado desde una cabina pública cercana para hablar contigo de la avería telefónica de nuestro edificio después de la tormenta.

9. Ha telefoneado el portero de la puerta de al lado desde una cabina pública cercana para hablar contigo de la avería telefónica de nuestro edificio después de la tormenta que estalló ayer.

10. Ha telefoneado el portero de la puerta de al lado desde una cabina pública cercana para hablar contigo de la avería telefónica de nuestro edificio después de la tormenta que estalló ayer y no ha cesado hasta esta mañana.

EJERCICIO PARA MEMORIZAR DIÁLOGOS

«Antonio, ¿te has acordado de que mañana es el cumpleaños de la prima Isabel?»

«Pedro, ¿cómo voy a acordarme de todos los cumpleaños de la familia? Además, ¿qué tiene de especial Isabel para que me acuerde de ella y no del primo Juan o de la prima Eva?»

«Mira que te gusta discutir. Sabes que Isabel siempre es amable con nosotros. ¿No te acuerdas de que el mes pasado no paró de ir y venir de la fábrica donde trabaja a la casa de nuestros padres para cuidar de mamá cuando estábamos de viaje de trabajo? ¿Y de cuando se quedó con Luisa durante todo el fin de semana, cuando ingresaron al tío Agustín?»

«Vale, tú ganas. ¿Qué podemos regalarle?»

«Sabes que es una apasionada lectora de biografías de grandes mujeres del pasado... Ayer mismo me habló de ese nuevo libro sobre la vida de aquella pintora... ¿cómo se llama? No recuerdo el nombre.»

«Ah, ya sé. Sí, podría ser buena idea. ¿Puedes pasar por la librería hoy?»

«No, me será imposible. Tengo que ir a casa de la señora López para que se pruebe el vestido. Es una mujer imposible, me hace repetir los trabajos al menos tres o cuatro veces y nunca está contenta.»

«Pero ¿no es la mujer del profesor Jiménez, el que enseña economía política?»

«Sí, es ella.»

«Ahora entiendo por qué está siempre tan dispuesto a estar con sus alumnos... Cuando está con ellos o con nosotros siempre encuentra un motivo para no volver a casa...»

«Entonces ¿te encargas tú del libro para Isabel?»

«Vale, trataré de encontrar un momento después de comer. Ahora llamo a la librería universitaria para saber si tienen algún ejemplar.»

EJERCICIO PARA LA MEMORIA OLFATIVA: EL REGRESO DE ANA

Hacía ya varias tardes que Ana regresaba a casa cada vez más cansada, atravesando los campos que exhalaban un olor penetrante de hierba recién cortada.

Desde luego, el tiempo no ayudaba a mejorar su humor: nubes pesadas y oscuras se amontonaban en el horizonte, y los truenos presagiaban la proximidad de otra tormenta, que iría acompañada de aquel extraño olor de ozono, tan difícil de definir.

Por suerte, ya casi había llegado. Al pasar por delante de la entrada de la casita de los ancianos señores Crespo, le llamó la atención el olor de pan recién salido del horno.

Después de la última curva, la asaltó el perfume maravilloso de las plantas de glicina que trepaban por la gran reja de madera apoyada en la fachada: ¡por fin había llegado!

Miguel había oído sus pasos en la grava del camino y había abierto la puerta: de improviso, una niña vestida de blanco, con largos cabellos bien peinados, se precipitó al exterior, para tomar de la mano a Ana y llevarla a casa. Mientras se inclinaba para darle un beso, Ana notó que se acababa de lavar el pelo, del que emanaba un agradable perfume a manzana verde. En cuanto Ana se quitó el jersey, la pequeña volvió a acercarse a ella, con un pequeño ramo de flores en la mano: «Ana, son para ti, ¡de parte de Miguel y mía!». Ana se sintió conmovida ante el gesto y se inclinó hacia las flores, mientras un intenso aroma de muguete se difundía por toda la habitación.

EJERCICIO SOBRE LA INTERFERENCIA: AGENCIA DE VIAJES

A

Esta mañana Carlos Carbonell, de camino a la oficina, ha pasado por la agencia de viajes Ejea para comprar el billete de tren para su esposa Marisa. Por el camino se ha encontrado con Mateo, un compañero de instituto, y se ha parado a hablar con él. Mateo se ha quejado de que últimamente en su empresa las cosas no van bien: no sólo han prejubilado a su jefe, sino que han empezado a hablar de traslados a la sede de Zaragoza. Tras despedirse, Mateo se ha ido al trabajo y Carlos ha entrado en la agencia.

Como de costumbre, el billete aún no estaba preparado, aunque no había ningún cliente, algo que ha irritado a Carlos. ¡Hace ya cinco años que acude a esa agencia, y cada vez pasa lo mismo! Después de repetirle cinco o seis veces a la señorita Pamela el destino y el tipo de billete (de ida, de segunda clase, a Tarragona), y de pagar el importe, bastante contrariado, ha salido de la agencia, ha corrido para coger el autobús y, después de perderlo, ha ido a la oficina a pie.

B

Esta mañana, Pablo Pérez, al acudir a su empresa, se ha acordado de pasar por la agencia de viajes Porqueras para recoger los billetes para el viaje de su prima María. Durante el trayecto se ha encontrado con Toni, un amigo de la infancia de María, y le ha contado que su prima pensaba ir de crucero de Barcelona a Génova. Toni se ha quejado de que, pese a llevar algún tiempo jubilado, aún no ha recibido ni un céntimo, y empieza a preocuparse. Además, su hermano Andrés ha decidido trasladarse con la familia al extranjero, cosa que desde luego no le llena de alegría. Después de despedirse, Pablo ha acudido a la agencia; tras esperar un buen rato (había muchas personas delante de él), ha comprado el billete de primera clase para su prima María, ha salido, ha cogido al vuelo el autobús y ha llegado a la empresa al cabo de pocos minutos.

UNA NUEVA ESTRATEGIA DE *MARKETING*

«Apreciados colegas, la reunión de hoy tiene como objetivo la valoración de una nueva estrategia para contrarrestar el proyecto de la empresa Magit de sustituirnos como principal proveedor del organismo de cooperación internacional RAAV. Como saben, este organismo colabora con nosotros desde hace años y compra a nuestra empresa una gran cantidad de productos, así como diversos servicios. Desde hace cinco años somos sus principales proveedores y parecía que nada pudiese cambiar esta situación. Por desgracia, esta nueva pequeña empresa extranjera ha abierto una filial en la ciudad sede del organismo y sus propósitos son claros: sustituirnos y convertirse en su principal proveedor. El camino que están siguiendo es clásico: se han presentado con un catálogo con algunos productos innovadores y una tarifa de precios competitiva, y proporcionar todo tipo de facilidades en términos de pago. He evaluado a fondo sus propuestas, que nos ha comunicado nuestro contacto en el organismo, y confieso que hoy en día no estamos en condiciones de competir con ellos ni en términos de productos ni de precios: lo único en lo que sin duda somos mejores es en el servicio posventa y el control de calidad, pero, al parecer, no serían suficientes para mantener la colaboración. Debemos tratar de hacer una propuesta distinta para que no nos excluyan como principal proveedor. Podemos revisar en parte nuestra política de precios, aunque poco; también tenemos dos nuevos productos revolucionarios para la desalinización del agua con muy baja energía, pero no estarán disponibles hasta finales del año próximo: se trata de una nueva tecnología puesta a punto por un equipo de investigadores de la casa matriz que debería permitirnos volver a presentarnos en el mercado como líderes indiscutibles del sector.

»Tras comentarlo mucho con nuestros contactos en el organismo, ha surgido el siguiente problema: para seguir comprándonos a nosotros, nos piden una fuerte aportación para sus actividades institucionales, que contrarrestaría las mejores ofertas de la competencia y justificaría que sigan recurriendo a nosotros. Como saben, no estamos en años de vacas gordas y no disponemos de estos importes: la única forma de vencer a la competencia es hallando algo muy creativo y económico: una idea genial. Tal vez la hayamos encontrado.

»Me he reunido con nuestro responsable de relaciones públicas, el Sr. Martínez, que está en contacto con la dirección del organismo para la colaboración en algunos proyectos de comunicación; la hipótesis que ha presentado es muy interesante, y la dirección de la empresa la ha estudiado a fondo y ha llegado a la conclusión de que podría funcionar.

»Como saben, el año que viene el organismo organiza una campaña para la recaudación de fondos para una serie de pequeñas acciones en el Tercer Mundo. En estos casos, recurre a la agencia de comunicaciones CM&FT, que, además de bastantes cualidades, tiene también tres defectos: sus plazos de realización son bastante largos, conoce poco la temática y los servicios del organismo y cuesta un ojo de la cara. Según los primeros cálculos del contacto, la campaña podría tener costes del orden de un millón de euros aproximadamente.»Martínez ha recordado que nuestra oficina interna de relaciones públicas está estructurada para gestionar actividades publicitarias, actividades de congresos y oficina de prensa, que se halla en un periodo de poca actividad y que podría utilizarse como si fuese una agencia externa al servicio del organismo.

»En la práctica, quisiéramos proponer la sustitución de la agencia publicitaria por nuestra oficina de relaciones públicas, que crearía una unidad virtual externa para seguir el proyecto del cliente. El asunto es viable, entre otras cosas porque nuestra oficina está ya estructurada como una sociedad externa, que factura a cada una de las divisiones los costes de su actuación y su coste-hombre. Martínez ha calculado que la actividad de esta unidad para seguir el proyecto del organismo, incluyendo los costes de la información y del contacto propiamente dicho, requeriría en torno a 300 000 euros, puesto que trabajaría al coste, sin recargos; además, actuaría con más eficacia y rapidez que la agencia, gracias al profundo conocimiento de la cultura, los objetivos y las personas del organismo, y a nuestra red de conexiones internacionales. Nosotros sustituiríamos a la agencia de relaciones públicas externa, prestaríamos un servicio percibido del orden del millón de euros, que es el coste de estos servicios en el mercado libre (y que, en cualquier caso, es superior a la aportación que nos solicita el organismo), tendríamos la posibilidad de colaborar en estrecho contacto con ellos durante unos dos años y mantendríamos al cliente proponiendo beneficios que la competencia, que se basa sólo en productos y precios, no es en absoluto capaz de ofrecer. Mientras tanto, podríamos llevar a cabo la realización de los dos productos revolucionarios de que les hablaba, cuyo lanzamiento se produciría coincidiendo con la fase final del proyecto de colaboración con el organismo. Considero que puede tratarse de una oportunidad especial, tal vez la única que podríamos aprovechar hoy en día con expectativas de éxito.

»Encontrarán en la carpeta toda la información y les invito, tras una breve pausa para el café, a presentar sus opiniones al respecto. Nos vemos dentro de 10 minutos.»

LA VIDA DEL MAGNATE JAMES STONE

James Stone es uno de esos personajes que todos nosotros hubiésemos querido conocer en persona. Nacido en Gran Bretaña en 1892, era hijo de un campesino de la región de Warwick. Creció a la sombra del magnífico castillo de esa plácida ciudad inglesa y ya de niño soñaba con poder vivir en el castillo, apreciado y venerado como un noble. Su padre, una persona sencilla pero de gran agudeza, había observado en el pequeño James dotes de curiosidad e inteligencia y un gran deseo de aprender. Pese a no poder permitirse una escuela privada, le pidió al pastor Mans, de gran sensibilidad y cultura, que se ocupase de su hijo para impartirle una instrucción mejor.

El pastor Mans, al reconocer las dotes del muchacho, se dedicó durante tres años a enseñarle mucho más de lo que la escuela de la época podía ofrecer a un joven campesino, y los resultados fueron notables.

James tenía una memoria asombrosa y la capacidad de intuir lo que su interlocutor diría a continuación, casi un sexto sentido que le permitía dominar siempre la situación.

Después de aprobar los exámenes de la escuela, su padre murió y su madre se mudó a la casa de una hermana que vivía en Escocia; James decidió abandonar Warwick. Tras una breve estancia en Londres, tomó la decisión de embarcarse hacia Estados Unidos; allí, con una carta de presentación del pastor Mans, encontró trabajo como mozo de carga en una empresa de importación y exportación.

El responsable de la filial de Nueva York, Mr. Barnes, se dio cuenta enseguida de la capacidad del muchacho, y trató de ayudarle invitándole por la noche a su casa para que se preparase para llevar aspectos importantes de la vida empresarial; le enseñó contabilidad y legislación relacionada con las importaciones y las exportaciones. James lo aprendió todo deprisa, hasta el punto de que Mr. Barnes, un año después de la llegada de James a la empresa, decidió que trabajase junto al viejo contable, para luego ubicarlo en el departamento de importaciones.

En tres años James se había convertido en el responsable del servicio y, tal vez gracias a su matrimonio con Jannette, la segunda hija de Mr. Barnes, se convirtió en vicedirector de la filial. En este puesto se ocupó también de la formación de los empleados, impulsándoles a terminar los estudios y a asistir a escuelas nocturnas para trabajadores, e instituyendo un premio en metálico para quien consiguiera los mejores resultados.

Todo el mundo esperaba que algún día James sustituyese a Mr. Barnes en la gestión de la filial, pero no fue así. Dos años después, el presidente de la empresa invitó a James a cenar a un hotel y le ofreció el puesto de Mr. Barnes. James comprendió que aceptar la propuesta conllevaría el despido de Mr. Barnes, de edad ya avanzada, y decidió rechazar la oferta. Entonces Mr. Barescale, el presidente, resentido, despidió a James. La historia, como recuerdan las crónicas, no acabó aquí: James se fue a trabajar a una empresa de la competencia y en poco tiempo llegó a los puestos más altos; posteriormente, gracias a una espectacular operación financiera, adquirió la empresa de Mr. Barescale, despidió a este y puso en su lugar al anciano Mr. Barnes.

VIAJE DE TRABAJO A MARRUECOS

«Buenos días a todos. Gracias por acudir a esta breve presentación sobre las oportunidades que puede ofrecernos este gran país. Como saben, Marruecos, entre todos los países del norte de África, es uno de los que mejor ha mantenido a lo largo de los siglos sus tradiciones y su independencia, algo que se observa aún hoy en el carácter de sus habitantes, dignos y orgullosos de su tierra y su historia.

»La señorita Pascual les ha mostrado algunas diapositivas con los mapas y los datos geográficos de las principales localidades. Tal vez la diapositiva sobre la población marroquí no recogía un dato importante que vale la pena presentar. La población marroquí no es del todo homogénea; en concreto, hay un componente que está presente en varias áreas, en algunas de forma bastante masiva, como, por ejemplo, en los montes del Atlas: se trata de los bereberes, una población existente antes de la ocupación árabe, con caracteres somáticos diferentes respecto a la etnia de origen árabe.

»En el pasado los bereberes se fusionaron con otras poblaciones; los vándalos, por ejemplo, procedentes de Andalucía *(Vandalusia)*, aportaron a los bereberes características como la alta estatura, la piel y los ojos claros, y el cabello rizado.

»Pero volvamos a nuestro viaje. El objetivo que nos habíamos fijado era identificar algunas empresas locales con las que poder colaborar en nuestro proyecto de transformación de productos agrícolas a nivel local. Como saben, hasta ahora importamos simplemente hortalizas y otros productos, y luego los trasladamos a algunas empresas españolas que se ocupan de la transformación. Luego retiramos el material, ya transformado y envasado, para distribuirlo de nuevo tanto en España como en el extranjero.

»Gracias a una valoración de los costes, efectuada por nuestro departamento de importaciones y exportaciones, si se considera que exportamos el 75% de los productos, el sistema es muy poco rentable: no sufrimos pérdidas, pero el activo no justifica el enorme esfuerzo que suponen estas actividades. Por lo tanto, la idea clave es transformar los productos in situ, y a continuación exportar directamente desde Marruecos hacia los países clientes, pero continuar importando y transformando en España lo que necesitamos para el mercado interno.

»La semana pasada me entrevisté con el señor Aziz Mubarak, de Produits Agricoles, que me mostró las instalaciones: se trata de máquinas de última generación, montadas con ayuda de los franceses, sus anteriores socios. Sobre el papel, su capacidad de producción es notable, pero un control atento ha demostrado que trabajan sólo al 45% de sus potencialidades. Este hecho nos permitiría satisfacer nuestras necesidades sin tener que utilizar toda su capacidad de producción. En efecto, este es el problema que se ha planteado en la segunda empresa que visité.

»La segunda persona con la que me reuní fue el señor Abdul Mahfuz, de Sharikat Alkhudrawat, un caballero que se sintió muy complacido de mostrarme las instalaciones, que también son bastante modernas, pero no tanto como las de Produits Agricoles. El problema es que ellos operan ya al 90% de su capacidad de producción, por lo que una intervención nuestra conllevaría la necesidad de reducir parte de su producción para sustituirla por la nuestra. De forma inevitable, los costes serían mayores que los de la primera solución, donde simplemente nos sumaríamos a una situación que podría mantenerse igual.

»En lo que respecta a la calidad de la elaboración y las normas internacionales que deben cumplirse, no he observado grandes problemas, aunque tendremos que intervenir en el control de calidad.

»Nuestras normas son más exigentes que las aceptadas normalmente, cosa muy apreciada por los clientes extranjeros con los que trabajamos. Ahora quisiera presentarles algunos gráficos con los datos sobre la producción clasificada por categoría de producto [...].»

TEXTOS LITERARIOS[30]

A continuación, se reproducen dos fragmentos literarios que pueden utilizarse como ejercicio de memorización. El lector es libre de escoger, entre los métodos presentados a lo largo de las lecciones, el que le parezca más adecuado a su personalidad para memorizarlo.

El primer texto es bastante difícil porque refleja los pensamientos de una persona que ha tomado una decisión que no habría querido tomar, mientras que el segundo se caracteriza por un lenguaje dramático y arcaizante.

30. No están incluidos en el CD.

Son textos formidables porque requieren un notable esfuerzo mnemónico y pueden ser afrontados por quien considere haber alcanzado
un buen nivel.[31]

EL ANIVERSARIO DEL CURSO DE BACHILLERATO[32]

«El juez de instrucción Ernst Sebastian apagó el cigarrillo fumado sólo
a medias. Trataba de no fumar cuando estaba de servicio, y le esperaba
aún un interrogatorio. Como el reloj marcaba casi las seis y los rayos
del sol alcanzaban cada vez más oblicuos la silla del interrogatorio, situada frente al escritorio como un hombre doblado sobre sí mismo, Sebastian deseaba apresurarse. Entre otras cosas, le había prometido
solemnemente a Burda, al profesor de instituto Johann Burda, que no
faltaría a la velada de aquel día. Era muy conmovedor ver con qué celo
Burda se preocupaba del éxito de una fiesta por completo inútil y falsa.
Un sentimental, que había cambiado sin darse cuenta el pupitre por la
cátedra, el profesor Burda de ojos bondadosos. Su estilo epistolar —con
el que invitaba a su viejo compañero "a honrar con su presencia el vi-
gesimoquinto aniversario del curso 1902 del instituto Nikolaus"— podía definirse casi como ciceroniano. Decidido a no participar en la
reunión de sus compañeros, al principio Sebastian no había respondido
a la carta. Pero luego Burda se había presentado en su casa en persona
y le había instado a participar con palabras cargadas de entusiasmo infantil. Habría sido descortés rehusar una invitación tan insistente. También entraba en juego cierta curiosidad vaga, que Sebastian no había
notado ni lo más mínimo.
»El consejero del tribunal del Land era un hombre en cuyo vocabulario el concepto "paso" tenía una función importante. El paso del sueño
a la vigilia, del trabajo a la vida privada y de las vacaciones al día labo-
rable necesitaba mucho tiempo y estaba vinculado a varios formalismos
de larga duración. También aquel día dos horas serían el tiempo mínimo calculado para el difícil procedimiento del paso. Los primeros momentos de cualquier encuentro amistoso, incluso la entrada en un salón
amigo, los saludos, los besamanos, la conversación en voz baja, el intercambio de formalidades, todo ello requería, incluso en un ambiente
conocido, toda su presencia de ánimo.»

31. Estos dos fragmentos han sido traducidos del italiano por el traductor.
32. F. Werfel, *Der Abituriententag*, 1928.

TEXTO TEATRAL[33]

Acto I, escena primera
(La escena se desarrolla en la sala de una fonda).

Sir William. ¿Aquí, hija mía? ¿En esta miserable fonda?

Waitwell. Sin duda Mellefont ha elegido con cuidado, para su estancia, lo más miserable que existe en la ciudad. Los malvados buscan siempre la oscuridad, precisamente porque son malvados. Y, sin embargo, ¿de qué les sirve, aunque pudiesen ocultarse del mundo entero? La conciencia es mucho más que un mundo entero que nos acusa. ¡Ah, otra vez, otra vez llora, Sir! ¡Sir!

Sir William. Déjame llorar, viejo y fiel servidor. ¿O acaso no merece ella mis lágrimas?

Waitwell. ¡Ah! Las merecería aunque se tratase de lágrimas de sangre.

Sir William. Pues entonces déjame (llorar).

Waitwell. La mejor, la más bella, la más inocente de las criaturas que jamás ha existido bajo el sol, ¡y debe ser violada de este modo! ¡Pequeña Sara! Te he visto crecer, de niña te tuve cien veces entre mis brazos, entre estos mismos brazos me asombraba de tu sonrisa, de tus balbuceos. En cada actitud infantil tuya brillaba la aurora de un ingenio, de una jovialidad, de una...

Sir William. ¡Calla! ¿Acaso no lacera bastante mi corazón la situación actual? ¿Quieres hacer aún más terribles mis penas con el recuerdo de la felicidad pasada? Habla de otro modo, si quieres hacerme un favor. Censúrame: transforma mi ternura en crimen; aumenta el delito de mi hija. Lléname de horror contra ella. Inflama de nuevo mi venganza contra el malvado que la ha violado. Dime que Sara nunca fue virtuosa, porque ha dejado de serlo con tanta facilidad... Dime que nunca me quiso, porque me ha abandonado a escondidas.

33. Gotthold Ephraim Lessing, *Miss Sara Sampson.*

Waitwell. Si lo dijese, mentiría de forma vergonzosa y malvada. Podría verla en el lecho de muerte y yo, malvado, moriría de desesperación. No, la pequeña Sara quiso a su padre y, estoy seguro, le quiere aún. Si usted, Sir, sólo quisiera convencerse de ello, la vería de nuevo hoy entre sus brazos.

Sir William. Sí, Waitwell, pido ser convencido sólo de esto. De ella ya no puedo prescindir; en ella se apoya mi vejez y si no me ayuda a endulzar lo triste que queda de mi vida, ¿qué ocurrirá? Si me quiere aún, su error está perdonado. Fue el error de una muchacha dulce y su fuga fue el efecto del remordimiento. Estas faltas son mejores que virtudes forzadas. Pero lo percibo, Waitwell, lo percibo: aunque estas faltas fuesen verdaderos crímenes, una intencionada depravación, también en ese caso la perdonaría. Preferiría ser amado por una hija viciosa que no ser amado por ninguna.

Waitwell. Seque sus lágrimas, amado Sir. Oigo venir a alguien. Será el dueño de la fonda, que viene a recibirnos.

Acto I, escena segunda
(El dueño de la fonda. Sir William Simpson. Waitwell).

Dueño de la fonda. ¿Tan pronto, señores, tan pronto? ¡Bienvenidos! ¡Bienvenido, Waitwell! ¿Sin duda han viajado de noche? ¿Es este el caballero de quien me hablaste ayer?

Waitwell. Sí, es él. Espero que, según lo convenido...

Dueño de la fonda. Distinguido señor, estoy a su servicio. ¿Qué me importa que yo sepa o no qué motivo le trae aquí, y por qué razón quiere hablar conmigo en secreto? El dueño de una fonda coge el dinero y deja hacer a los huéspedes lo que les agrada. Waitwell me ha comentado, a decir verdad, que quiere observar un poco al forastero que, desde hace varias semanas, se aloja en mi casa con su joven mujer. De todas formas, espero que no le moleste. Traería mala fama a mi casa y ciertas personas se avergonzarían de poner los pies en ella. Nosotros tenemos que vivir de todo tipo de personas...

Sir William. No se preocupe. Lléveme sólo a la habitación que Waitwell me ha preparado. Vengo con propósitos legítimos.

Dueño de la fonda. No quiero conocer sus secretos, señor. La curiosidad no es uno de mis defectos. Por ejemplo, podría haber sabido hace tiempo quién es el forastero al que quiere observar. Pero no quiero. Sin embargo, me he enterado de que debe de haberse dejado llevar por los sentimientos por la mujer. Aquella mujercita —quienquiera que sea— permanece encerrada todo el día en su habitación y llora.

Sir Willian. ¿Y llora?

Dueño de la fonda. Sí, llora mucho... Pero, mi muy distinguido señor, ¿por qué llora? La mujer le debe importar mucho. No será usted por casualidad...

Waitwell. No le retengas más.

Dueño de la fonda. Venid, sólo una pared le separará de la mujer que tanto le importa y que tal vez...

Waitwell. ¿De verdad quieres saber a toda costa quién...?

Dueño de la fonda. No, Waitwell. No quiero saber nada.

Acto I, escena tercera
(Se levanta el telón del centro. Habitación de Mellefont. Mellefont y, después, su criado).

Mellefont (aún sin vestir, en una butaca). Otra noche que no habría pasado peor si me hubiesen torturado. ¡Norton! Tengo que ver a alguien. Si me quedase más tiempo a solas con mis pensamientos, estos me llevarían demasiado lejos. ¡Eh, Norton! Duerme aún. ¿Soy malvado al no dejar dormir a este pobre diablo? ¡Qué contento está! No, no quiero que alguien esté contento a mi alrededor. ¡Norton!

Norton (llegando). ¡Señor!

Mellefont. ¡Mi ropa! Y no pongas esa cara contrariada. Si pudiese dormir más, también te permitiría a ti hacerlo. Si no quieres saber nada de tu culpabilidad, trata al menos de tener compasión de la mía.

Norton. ¿Compasión, señor? ¿Compasión de usted? Hay cosas mejores de las que tener compasión.

Mellefont. ¿De qué, entonces?

Norton. Permita que me vista y no me pregunte nada.

Mellefont. Verdugo, ¿también tu reproche debería despertarse con mi conciencia? Sé a qué te refieres. Sé quién agota toda tu compasión. Bien. Que ella y yo recibamos lo que nos corresponde a cada uno. Haces bien: no tengas compasión de mí. ¡Puedes maldecirme para tus adentros, pero también puedes maldecirte tú!

Norton. ¿También yo?

Mellefont. Sí, porque eres criado de un miserable que la tierra no debería sostener y también porque eres partícipe de su crimen.

Norton. ¿Yo partícipe de su crimen? ¿De qué forma?

Mellefont. Porque has callado.

Norton. ¡Perfecto! En el furor de su pasión una sola palabra me habría costado el cuello. Y además, cuando le conocí, ¿no le encontré ya tan abyecto que resultaba vana toda esperanza de mejora? ¡Qué vida le he visto llevar desde el primer momento! En la más indigna compañía de jugadores y vagabundos —les doy el nombre que se merecen y paso por alto los títulos, caballero o el que sea—, en esa compañía ha derrochado un patrimonio que le habría abierto el camino hacia los más grandes honores. Y ese hábito suyo de acompañarse de todo tipo de mujeres... En particular de esa malvada de Marwood.

Mellefont. Sí, vuelve a arrojarme a aquel tipo de existencia: era virtud, si se compara con la mía de hoy. He derrochado mi patrimonio: bien. Seguirá el castigo, y muy pronto experimentaré lo que las privaciones tienen de duro y miserable. Es cierto: me he acompañado de mujeres corruptas. Pero he sido seducido más de lo que he seducido yo. Además, aquellas a las que seduje querían ser seducidas. Pero no tenía aún ninguna virtud abandonada sobre la conciencia. Aún no había arrojado a una inocente a una imprevisible infelicidad. Aún no había arrancado a una mujer como Sara de la casa de un padre amado, obligándola a seguir a un indigno que no era en absoluto su igual. Tenía... Pero ¿quién viene a visitarme tan pronto?

BIBLIOGRAFÍA

BADDELEY, A., *Su memoria: cómo conocerla y dominarla*, Debate, Barcelona, 1990.

CASELLI, M. C., et al., *Linguaggio e sordità*, La Nuova Italia, Scandicci (Florencia), 1994.

DORLEY, J. M., et al., *Psicologia (I)*, Il Mulino, Bolonia, 1986.

FURTH, H. G., *Pensamiento sin lenguaje: implicaciones psicológicas de la sordera*, Marova, Madrid, 1981.

KÖHLER, W., *Experimentos sobre la inteligencia de los chimpancés*, Debate, Barcelona, 1989.

LANDAUER, T. K. y R. A. BJORK, «Optimum Rehearsal Patterns and Name Learning», en *Practical Aspects of Memory*, Academic Press, Londres, 1978.

LURIA, A. R., *The Mind of a Mnemonist*, Basic Books, Nueva York, 1968.

MILLER, P., *Teorie dello sviluppo psicologico*, Il Mulino, Bolonia, 1987.

RONCATO S. y G. ZUCCO, *I labirinti della memoria*, Il Mulino, Bolonia, 1993.

VICARIO, G. B., *Psicologia sperimentale*, CLEUP, Padua, 1988.

VYGOTSKIJ, L. S., *Pensamiento y lenguaje*, Paidós Ibérica, Barcelona, 2005.

YATES, F. A., *L'arte della memoria*, Einaudi, Turín, 1993.